Geist und Simulation

FEVZI H.

GEIST UND SIMULATION

Ist unsere Wahrnehmung der Realität eine Illusion?

2025

Geist und Simulation

Fevzi H.

INHALT

Über den Autor

Ich bin Fevzi H. , ein Denker und Autor mit fundierten Kenntnissen in den Bereichen Wissenschaft und Philosophie, der multidisziplinäre Konzepte erforscht. Ich hinterfrage die Grenzen zwischen der physischen und metaphysischen Welt und befinde mich auf einer intellektuellen Reise, um die universelle Natur des Bewusstseins zu verstehen. Seit Jahren erforsche ich Themen wie Bewusstsein, Quantenmechanik, Paralleluniversen und künstliche Intelligenz und kombiniere wissenschaftliche Theorien mit philosophischen Ansätzen, um tiefer in die Komplexität des menschlichen Geistes einzudringen.

In meinen Schriften stelle ich radikale Ideen über die Natur des Bewusstseins und seine Verbindung zum Universum vor. Indem ich nicht nur wissenschaftliche Daten , sondern auch das intellektuelle Erbe der Menschheit untersuche, möchte ich meinen Lesern neue Perspektiven bieten. Mein Schreibstil dreht sich darum, komplexe Theorien zu vereinfachen und eine Sprache zu verwenden, die zum tiefen Nachdenken anregt.

Jedes meiner Werke lädt die Leser ein, einen weiteren Schritt zur Enthüllung der Geheimnisse des Universums und des Bewusstseins zu unternehmen. Indem ich moderne wissenschaftliche Gedanken mit philosophischen Fragen verbinde, biete ich innovative und zum Nachdenken anregende Perspektiven auf die Natur des Bewusstseins und seine universellen Zusammenhänge.

Vorwort

Die Natur der Realität ist eine der tiefgreifendsten und verwirrendsten Fragen der Menschheit. Existieren wir wirklich so, wie wir es wahrnehmen, oder ist unsere Erfahrung der Realität bloß eine Illusion? Ist die Welt, die uns durch unsere Sinne präsentiert wird, eine getreue Darstellung der Wahrheit oder ist sie eine ausgeklügelte Simulation, die unser Gehirn erschaffen hat? Von den Philosophen der Antike bis zu den Quantenphysikern der Neuzeit hat diese Frage die Grundlagen unseres Verständnisses geprägt.

Dieses Buch vereint mehrere Disziplinen, um die Grenzen der Wahrnehmung, des Bewusstseins und des Universums selbst zu erforschen. Anhand von Philosophie, Neurowissenschaft, Quantenphysik und künstlicher Intelligenz befasst es sich mit den Mysterien der Existenz und der Möglichkeit, dass das, was wir „Realität" nennen, etwas weitaus Komplexeres sein könnte, als wir annehmen.

Aus der Perspektive von Denkern wie Platon, Descartes, Berkeley und Bostrom untersuchen wir philosophische Perspektiven auf die Natur der Realität und die Möglichkeit, dass wir möglicherweise in einer Simulation leben. Gleichzeitig erforschen wir die neuesten wissenschaftlichen Erkenntnisse, von den bizarren Prinzipien der Quantenmechanik bis hin zur Fähigkeit des Gehirns, die Wahrnehmung zu formen, und den Auswirkungen künstlicher Intelligenz auf die Schaffung neuer simulierter Welten.

Was bedeutet es, in einer Simulation zu leben? Ist das Universum ein mathematisches Konstrukt, das von Codes und Algorithmen gesteuert wird? Erlebt unser Gehirn nicht nur eine Simulation, sondern generiert auch seine eigene? Und die vielleicht spannendste Frage von allen: Wenn wir uns in einer Simulation befinden, gibt es dann einen Weg, dieser zu entkommen?

Dieses Buch ist eine intellektuelle Reise durch die Schnittstelle von Wissenschaft, Philosophie und Technologie und richtet sich an alle, die die Grenzen ihres Verständnisses ausloten möchten. Seien Sie bereit, alles, was Sie wissen, zu überdenken – denn die Realität ist möglicherweise nicht so real, wie sie scheint.

KAPITEL 1

Die Grundlagen unserer Wahrnehmung der Realität

1.1 Was ist Realität? Die Grenze zwischen Wahrnehmung und Wahrheit

Die Realität ist einer der grundlegenden Bausteine unseres Lebens; sie bildet die Grundlage, auf der alles ruht, und sie bildet den Raum, in dem wir existieren und die Welt erleben. Allerdings war dieses Konzept im Laufe der Menschheitsgeschichte Gegenstand philosophischer Untersuchungen. Was ist Realität? Ist die Realität die Essenz von allem oder sind wir einfach in einer Illusion verwurzelt? Diese Fragen wurden sowohl aus philosophischer als auch aus wissenschaftlicher Sicht untersucht, was zur Entwicklung zahlreicher Standpunkte führte. Die Grenze zwischen Wahrheit und Wahrnehmung ist für dieses Wissen von entscheidender Bedeutung.

In der Philosophie wird Realität manchmal verwendet, um sich auf die Zielwelt zu beziehen, sie kann jedoch auch als ein durch Gedanken geformtes Gebilde definiert werden. Um näher zu bestimmen, von welcher Art von Realität wir sprechen, müssen wir zunächst die Bedeutung des Wortes „Tatsache" klären. Realität wird im Allgemeinen als das Leben äußerer Objekte verstanden, unabhängig von menschlicher Wahrnehmung. Man glaubt, dass diese Entitäten unabhängig von unserer Wahrnehmung existieren. Aber macht die objektive Interpretation von Realität die Grenze zwischen Wahrnehmung und Realität klar?

Die Existenz physikalischer Phänomene wie der Erde, des Sonnensystems, von Galaxien und der Form des Universums kann durch klinische Beobachtung bestätigt werden. Diese Phänomene deuten auf die Existenz einer Welt jenseits der menschlichen Wahrnehmung hin. Die Frage, ob es nur eine Form der Realität gibt, bleibt jedoch komplizierter. Ist die Realität ein absolutes, zeitloses Konstrukt oder eine Form, die durch die Wahrnehmung jedes Einzelnen geformt wird?

Wahrnehmung ist die Erfahrung, die der Realität am nächsten kommt. Allerdings ist Wahrnehmung ein persönlicher und subjektiver Prozess. Unsere Sinne empfangen Informationen aus der Außenwelt, die dann vom Gehirn interpretiert und verstanden werden. Die Genauigkeit unserer Wahrnehmung hängt jedoch davon ab, wie unser Gehirn die sensorischen Daten verarbeitet. Mit anderen Worten: Die äußere Realität wird in unserem Gehirn durch einzigartige Prozesse in unserem Gehirn rekonstruiert.

Unser Gehirn verarbeitet nicht nur die Informationen unserer Sinne, sondern kombiniert sie auch mit unseren Erfahrungen aus der Vergangenheit, unserem kulturellen Wissen und unseren persönlichen Wertvorstellungen. Auf diese Weise kann eine Person die Wahrheit auf eine andere Weise genießen als eine andere, da die Überzeugungen je nach

Gehirnstruktur, emotionalem Zustand und Hintergrund jeder Person variieren.

Beispielsweise kann jemand, der auf einer überfüllten und lauten Stadtstraße steht, das Chaos auf eine andere Weise wahrnehmen. Für ihn kann die Menschenmenge wie ein Durcheinander und ein Durcheinander erscheinen, während dies für eine andere Person einfach ein alltäglicher Teil des täglichen Lebens sein kann. Diese Unterschiede unterstreichen, wie subjektiv Wahrnehmung ist, und zeigen, dass jeder Mensch die Realität auf eine völlig andere Weise wahrnimmt.

Unter Wahrheit versteht man im Allgemeinen objektive Tatsachen. Dazu gehören unveränderliche Entitäten wie Naturgesetze, mathematische Wahrheiten oder allgemeine Normen, die unabhängig von Zeit und Raum existieren. In der Philosophie bezeichnet Wahrheit das, was mit „Tatsachen" übereinstimmt; mit anderen Worten: Tatsachen entsprechen den Tatsachen. Die Frage nach der Existenz von Wahrheit ist jedoch seit langem ein Diskussionsthema in der Philosophie.

Viele Philosophen haben argumentiert, dass die Realität jenseits der menschlichen Wahrnehmung existiert. Platon suchte die Realität im Reich der Ideale und schlug vor, dass die physische Welt lediglich ein Schatten dieser höheren Realität sei. Dieser Ansatz dient als grundlegender Ausgangspunkt, um über die Natur der Realität nachzudenken und das Wissen als eingeschränktes System des menschlichen Bewusstseins. Laut

Platon existierte die Realität eher im intellektuellen Bereich als in der Außenwelt.

Auf der anderen Seite betrachtet Descartes' berühmtes Diktum „Ich denke, also bin ich" die Realität als einen individuellen Verifikationsprozess. Descartes bezweifelte die Existenz der physischen Welt , befürwortete jedoch die Verständlichkeit des Geistes. Diese Methode stellt die Wahrnehmung als intellektuelle Methode dar, die es einem Individuum ermöglicht, auf die Realität zuzugreifen.

Die Grenze zwischen Glaube und Realität ist wichtig, um zu verstehen, wie diese beiden Prinzipien interagieren und sich gegenseitig beeinflussen . Während die Realität oft als Spiegelbild des Glaubens wahrgenommen wird, bleibt die Wahrheit ein tieferes Konzept. Das menschliche Bewusstsein hat vielleicht keinen direkten Zugang zur Realität, aber es versucht, die Außenwelt durch Glauben zu interpretieren und zu erleben.

In diesem Zusammenhang wird die Realität oft als objektive Bestätigung betrachtet, aber da die Wahrnehmung der Realität unterschiedlich ist, nimmt die Realität für jeden Menschen eine andere Bedeutung an. Ein Wissenschaftler könnte beispielsweise Experimente durchführen, um die Natur der physischen Welt zu verstehen, während ein Künstler versuchen könnte, die Realität in sensorischen und ästhetischen Begriffen auszudrücken. Beide suchen nach der Wahrheit, aber jeder folgt einem anderen Weg, und jeder Weg zeigt einen anderen Aspekt der Realität.

Die Natur der Realität ist ein Rätsel, das sowohl aus philosophischer als auch aus medizinischer Sicht behandelt wurde. Die Wahrnehmung spielt eine Schlüsselrolle als unsere engste Erfahrung der Realität, während die Realität unveränderliche, traditionelle Ideen darstellt. Die Grenze zwischen beiden kann oft dünn und mehrdeutig sein. Unser Verstand nimmt die Realität nur begrenzt wahr, und diese Wahrnehmung enthält für jeden Menschen eine einzigartige Wahrheit.

Auch wenn die Realität ein festgelegtes Leben in der Außenwelt bleiben mag, sind Glaube und Wahrheit letztlich persönliche und gesellschaftliche Konstrukte, die ständig hinterfragt werden können. Dieser Prozess führt uns zu einem tieferen Verständnis der Natur der Realität, sowohl auf der Ebene der Persönlichkeit als auch der Allgemeinheit.

1.2 Das Gehirn und die Informationsverarbeitung: Die Verbindung zwischen der Außenwelt und unserem Geist

Das Gehirn ist eines der komplexesten und wichtigsten Organe des menschlichen Körpers und dient als Kontrollzentrum für alle kognitiven Fähigkeiten, von grundlegenden lebenserhaltenden Prozessen bis hin zu den fortgeschrittensten Aspekten des Denkens, der Argumentation und der Aufmerksamkeit. Unser Wissen über die Welt um uns herum beruht nicht nur auf unseren Sinneswahrnehmungen, sondern auch auf der komplexen Fähigkeit des Gehirns, diese Informationen zu verarbeiten, zu interpretieren und zu integrieren.

Das Gehirn fungiert als hochentwickeltes Informationsverarbeitungssystem . Es erhält Eingaben aus der Außenwelt über Sinnesorgane – darunter Augen, Ohren, Nase und Haut –, die körperliche Reize in elektrische Signale umwandeln, die vom Gehirn interpretiert werden können. Das Gehirn verarbeitet diese Signale dann, kombiniert sie mit früheren Berichten und Erinnerungen und erzeugt eine kohärente Darstellung der Tatsachen.

Das zentrale Nervensystem spielt in diesem Prozess eine entscheidende Rolle. Wenn Licht ins Auge eintritt, wird es auf die Netzhaut gebrochen, wo spezialisierte Zellen (Fotorezeptoren) das Licht in elektrische Signale umwandeln. Diese Signale wandern über den Sehnerv zum visuellen Kortex, der die visuellen Daten verarbeitet und zur Entstehung des Bildes beiträgt, das wir verstehen. In ähnlicher Weise werden Geräusche über die Ohren aufgenommen und in elektrische Signale umgewandelt, die zur Interpretation an den auditorischen Kortex gesendet werden.

Diese Sinneseindrücke werden jedoch nicht wirklich in ihrer Rohform übermittelt. Die Interpretation sensorischer Daten durch das Gehirn wird durch kognitive Prozesse wie Aufmerksamkeit, Erwartung, Emotionen und vorheriges Verständnis angeregt. Dies ermöglicht es uns, ein intellektuelles Modell der Welt um uns herum zu schaffen, in der wir Objekte, Menschen und Situationen auf eine Weise wahrnehmen und darauf reagieren, die für uns nicht nur zweckmäßig, sondern auch bedeutsam ist.

Unsere Sinnesstrukturen liefern uns wichtige Informationen über die Außenwelt, aber das Gehirn ist dafür verantwortlich, diese Informationen zu interpretieren. Wenn wir beispielsweise einen warmen Gegenstand berühren, erkennt unsere Haut die Temperaturänderung und sensorische Neuronen senden diese Informationen an das Rückenmark, das das Signal dann an das Gehirn weiterleitet. Das Gehirn verarbeitet diese Informationen, vergleicht sie mit vorhergehenden Berichten und registriert das Schmerzempfinden. Dieser Vorgang läuft so schnell ab, dass wir ihn oft als kontinuierliche, unmittelbare Reaktion wahrnehmen.

Aber bei der Wahrnehmung geht es nicht nur um die Rohdaten, die wir von unseren Sinnesorganen erhalten; es geht auch darum, wie das Gehirn diese Daten organisiert und interpretiert. Das Gehirn trifft ständig Vorhersagen über die

Welt auf der Grundlage von Daten aus der Vergangenheit. Diese Vorhersagen helfen ihm, sensorische Informationen genauer zu verarbeiten. Dieses Phänomen wird als prädiktive Kodierung bezeichnet und ermöglicht es dem Gehirn, schnell auf die Welt zu reagieren, ohne jedes Informationsstück in Echtzeit verarbeiten zu müssen.

Wenn wir beispielsweise ein Objekt auf uns zukommen sehen, nutzt das Gehirn die Informationen aus der Vergangenheit, um die Flugbahn des Objekts vorherzusagen und unsere Reaktionen entsprechend anzupassen. Dieser Vorhersageprozess ist nicht immer auf einfache Reflexe beschränkt, sondern erstreckt sich auch auf komplexe kognitive Fähigkeiten, darunter Sprachverständnis und soziale Interaktionen.

Eine der erstaunlichsten Eigenschaften des Gehirns ist seine Fähigkeit, Informationen aus verschiedenen Sinnesmodalitäten zu einer einheitlichen Wahrnehmung der Welt zu kombinieren. Diese multisensorische Integration ermöglicht es uns, ein zusammenhängendes mentales Modell der Realität zu schaffen, obwohl die Informationen, die wir von verschiedenen Sinnen erhalten, in getrennten Bereichen des Gehirns verarbeitet werden.

Wenn wir beispielsweise jemanden sprechen sehen, verarbeiten wir die visuellen Informationen (einschließlich Lippenbewegungen) im visuellen Kortex und die auditiven

Informationen (wie Geräusche) im auditorischen Kortex. Das Gehirn integriert dann diese Informationsquellen, um eine Wahrnehmung der Sprache zu erzeugen, die sowohl die visuellen als auch die auditiven Elemente kombiniert. Diese Integration ist nicht immer perfekt, und manchmal basiert das Gehirn stärker auf einer Erfahrung als auf einer anderen, beispielsweise wenn wir einen verbalen Dialog in einer lauten Umgebung noch verstehen können, indem wir uns stärker auf visuelle Hinweise verlassen.

Interessanterweise kann das Gehirn auch Informationen aus unterschiedlichen Sinnesmodalitäten integrieren, selbst wenn eine Diskrepanz zwischen ihnen besteht. Dies ist in Situationen offensichtlich, in denen Illusionen oder Fehlwahrnehmungen auftreten. Der McGurk-Effekt beispielsweise ist ein Phänomen, bei dem widersprüchliche visuelle und akustische Reize (wie ein Video, in dem jemand einen Satz sagt, während das Audio einen anderen sagt) eine Wahrnehmungstäuschung hervorrufen, bei der der Zuhörer etwas völlig anderes hört als das, was tatsächlich gesagt wird. Dies zeigt, wie das Gehirn durch die Kombination multisensorischer Informationen stimuliert werden kann und wie die Außenwelt durch diesen Prozess geformt wird.

Während sensorische Informationen die Grundlage für unser Wissen über die Außenwelt bilden , sind es die kognitiven Prozesse des Gehirns, die diese Informationen verfeinern und in zusammenhängende Berichte organisieren. Kognitive Verfahren wie Interesse, Gedächtnis und logisches Denken sind daran beteiligt, wie wir die sensorischen Eingaben, die wir erhalten, interpretieren und ihnen Bedeutung zuordnen. Diese Verfahren helfen dem Gehirn auch dabei, Informationen zu filtern und zu priorisieren, sodass wir uns auf das konzentrieren können, was für unser unmittelbares Erlebnis am relevantesten ist.

Aufmerksamkeit spielt beispielsweise eine wichtige Rolle bei der Bestimmung, welche Informationen ins Bewusstsein gelangen. Das Gehirn wird mit einer enormen Menge sensorischer Informationen bombardiert, aber Aufmerksamkeit ermöglicht es uns, uns auf bestimmte Aspekte der Umgebung zu konzentrieren und gleichzeitig unangemessene Reize auszufiltern. Dies wird durch den Cocktailparty-Effekt veranschaulicht, bei dem wir uns in einem lauten Raum auf ein Gespräch konzentrieren können, unabhängig von der Anwesenheit anderer konkurrierender Geräusche. Das Gedächtnis spielt auch eine Schlüsselrolle bei unserer Realitätsbildung, da das Gehirn seine Version der Welt ständig auf der Grundlage neuer Informationen aktualisiert und verfeinert.

Auch logisches Denken und Problemlösung tragen dazu bei, wie wir die Welt wahrnehmen. Das Gehirn analysiert und bewertet ständig eingehende Daten, trifft Vorhersagen über zukünftige Ereignisse und formuliert Antworten. Diese kognitiven Prozesse sind wichtig, um uns an eine dynamische Welt anzupassen und Entscheidungen auf der Grundlage unseres Wissens über vergangene Ereignisse zu treffen.

Informationsverarbeitung durch das Gehirn zum Bewusstsein – dem subjektiven Erlebnis, uns selbst und die Welt um uns herum wahrzunehmen. Bewusstsein ist ein komplexes Phänomen, das aus der Aktivität des Gehirns entsteht, insbesondere in den höherwertigen kortikalen Regionen. Das Gehirn integriert Informationen aus verschiedenen Sinnesmodalitäten, emotionalen Zuständen und kognitiven Systemen, um einen einheitlichen Aufmerksamkeitsfluss zu ermöglichen.

Trotz umfangreicher Forschung bleibt die genaue Natur des Bewusstseins eines der tiefgreifendsten Rätsel der Wissenschaft. Während wir ein modernes Verständnis der neuronalen Mechanismen haben, die an Wahrnehmung und Kognition beteiligt sind, ist die Frage, wie das Gehirn subjektive Erfahrungen erzeugt, noch weitgehend unbeantwortet. Dieses Rätsel hat zu zahlreichen Theorien geführt, die von der Annahme reichen, dass Aufmerksamkeit aus einzigartigen neuronalen Schaltkreisen entsteht, bis hin zur Möglichkeit, dass sie ein grundlegender Aspekt des Universums ist, ähnlich wie Raum und Zeit.

Das Gehirn spielt eine wichtige Rolle bei der Gestaltung unserer Realitätserfahrung. Durch seine Fähigkeit, Statistiken aus der Außenwelt zu verarbeiten und zu kombinieren, konstruiert das Gehirn ein Modell der Welt, die wir als real wahrnehmen. Dieses System ist jedoch kein einfaches Spiegelbild der objektiven Realität. Die Interpretation sensorischer Fakten durch das Gehirn wird durch kognitive Verfahren, vorherige Studien und Erwartungen beeinflusst, was zu einer subjektiven und dynamischen Schaffung von Fakten führt.

Unser Glaube an die Welt ist nicht immer ein passiver Empfang äußerer Reize, sondern ein aktiver Prozess, bei dem das Gehirn sein Weltbild ständig auf der Grundlage neuer Informationen aktualisiert. Dieser Prozess unterstreicht die komplexe und vernetzte Natur der Beziehung zwischen der Außenwelt , dem Gehirn und dem Bewusstsein. Das Verständnis dieser Beziehung ist entscheidend, um die Geheimnisse des Glaubens, des Erkennens und der Natur der Realität selbst zu entschlüsseln.

1.3 Sensorische Illusionen: Präsentiert uns das Gehirn die Wahrheit?

Unsere Sinnesorgane, zu denen Sehen, Hören, Tasten, Schmecken und Riechen gehören, sind die wichtigste Art und Weise, wie wir mit der Welt um uns herum interagieren und sie wahrnehmen. Diese Sinne ermöglichen es uns, äußere Reize wahrzunehmen, und liefern die Rohdaten, die das Gehirn verwendet, um eine zusammenhängende Version der Realität zusammenzustellen. Allerdings ist die Sinneswahrnehmung nicht immer eine genaue Darstellung der objektiven Realität. Tatsächlich erschafft unser Gehirn oft Illusionen – verzerrte Wahrnehmungen der Welt –, die unser Wissen darüber, was real ist, durchkreuzen.

Sensorische Illusionen entstehen, wenn das Gehirn die von unseren Sinnen gelieferten Informationen falsch interpretiert, was zu einer Wahrnehmung führt, die nicht den tatsächlichen Eigenschaften der Außenwelt entspricht. Diese Illusionen sind nicht unbedingt Fehler oder Systemdefekte in den sensorischen Systemen; sie heben vielmehr die komplexen Prozesse hervor, die an der Wahrnehmung beteiligt sind, und die Art und Weise, wie das Gehirn aktiv unsere Wahrnehmung der Realität konstruiert. Illusionen zeigen, dass unsere sensorischen Systeme Rohdaten nicht passiv an das Gehirn übermitteln, sondern diese Daten aktiv verarbeiten und interpretieren, häufig basierend auf früheren Studien, Erwartungen und Kontextinformationen.

Optische Täuschungen, darunter die berühmte Müller-Lyer-Täuschung, zeigen beispielsweise, wie unser Gehirn dazu verleitet werden kann, Linien unterschiedlich lang wahrzunehmen, obwohl sie identisch sind. Das Gehirn nutzt

Geist und Simulation

Kontexthinweise, wie die Richtung der Pfeile an den Enden der Linien, um auf Intensität und Winkel zu schließen, was jedoch zu einer verzerrten Wahrnehmung der Länge führen kann. Ebenso zeigt die „Kleider"-Täuschung, bei der Menschen ein Kleid je nach Wahrnehmung entweder als weiß und gold oder blau und schwarz wahrnehmen, wie die Gehirne verschiedener Menschen die gleichen Sinneseindrücke auf völlig unterschiedliche Weise interpretieren können.

Das Phänomen der akustischen Illusionen zeigt auch die Tendenz des Gehirns, Annahmen über die Umgebung zu treffen. Der „Hirtenton" ist eine akustische Illusion, die den Eindruck einer endlosen aufsteigenden Tonhöhe erweckt, obwohl der Ton selbst in einer Schleife abgespielt wird und nicht wirklich aufsteigt. Diese Illusion entsteht, weil das Gehirn die Frequenzverschiebungen auf eine Weise dekodiert, die eine kontinuierliche Aufwärtsbewegung suggeriert, selbst wenn keine tatsächliche Veränderung der Tonhöhe stattfindet.

Unsere Sinnessysteme sind keine perfekten Detektoren der Welt; sie sind vielmehr auf Systemstatistiken so abgestimmt, dass wir uns in unserer Umgebung zurechtfinden und weiterleben können. Das Gehirn konstruiert unser Erlebnis der Welt aktiv auf der Grundlage von Sinneseindrücken, Vorwissen und Vorhersagen. Dies bedeutet, dass unsere Wahrnehmung der Realität keine genaue Kopie der

Außenwelt ist, sondern eine dynamische und oft unvollständige Version, die vom Gehirn erzeugt wird.

Das Gehirn verwendet verschiedene Mechanismen, um sensorische Informationen zu interpretieren, einer davon ist die Top-down-Verarbeitung. Dabei verwendet das Gehirn vorheriges Wissen, Erwartungen und Kontext, um sensorische Informationen zu interpretieren. Wenn wir beispielsweise einen teilweise verdeckten Gegenstand sehen, verwendet unser Gehirn frühere Erfahrungen, um die Lücken zu füllen und ein vollständiges Bild des Gegenstands zu erstellen. Diese Methode ist im Allgemeinen hilfreich, kann aber auch zu Fehlern oder Illusionen führen, wenn die Erwartungen des Gehirns mit den tatsächlichen sensorischen Eingaben in Konflikt geraten. Im Fall der Müller-Lyer-Täuschung beispielsweise führen die Annahmen des Gehirns über Intensität und Winkel zu einer verzerrten Vorstellung von der Linienlänge.

Neben der Top-down-Verarbeitung verlässt sich das Gehirn auch auf die Backside-up-Verarbeitung, bei der sensorische Daten auf einer grundlegenden Ebene analysiert werden, bevor sie in eine komplexere Wahrnehmung integriert werden. Dies ist der Prozess, bei dem das Gehirn Rohdaten von den Sinnen erhält (wie Farben und Formen bei der visuellen Wahrnehmung) und diese zu einer sinnvollen Darstellung der Welt zusammensetzt. Während die Bottom-up-Verarbeitung die Grundlage für die Wahrnehmung liefert, ist es oft die Top-down-Verarbeitung des Gehirns, die das endgültige Erlebnis prägt.

Beispiele für sensorische Illusionen

1. Visuelle Täuschungen: Visuelle Täuschungen sind eines der bekanntesten Beispiele dafür, wie unser Gehirn uns in die Irre führen kann. Eine der bekanntesten visuellen Täuschungen ist die Müller-Lyer-Täuschung, bei der zwei Linien gleicher Länge aufgrund der Richtung der Pfeile an ihren Enden unterschiedlich lang erscheinen. Diese Täuschung entsteht, weil unser Gehirn die Linien im Kontext von Tiefe und Winkel interpretiert, was zu einem verzerrten Größengefühl führt. Ein weiteres Beispiel ist das Kanizsa-Dreieck, bei dem drei Pacman-ähnliche Figuren, die auf eine bestimmte Weise angeordnet sind, die Illusion eines Dreiecks in der Mitte erzeugen, obwohl in Wirklichkeit kein Dreieck vorhanden ist. Diese Art von Täuschungen unterstreicht die Abhängigkeit des Gehirns vom Kontext, früheren Berichten und Erwartungen bei der Entwicklung visueller Wahrnehmung.

2. Auditive Illusionen: Auditive Illusionen zeigen auch die aktive Rolle des Gehirns bei der Entwicklung unserer Wahrnehmung von Geräuschen. Der Shepherd's Ton ist eine auditive Illusion, bei der eine Reihe sich überlappender Töne den Eindruck einer endlos ansteigenden Tonhöhe erweckt, obwohl sich die tatsächliche Tonhöhe der Töne nicht ändert. Eine weitere berühmte auditive Illusion ist der McGurk-Effekt,

Fevzi H.

bei dem nicht übereinstimmende visuelle und auditive Reize eine Wahrnehmung hervorrufen, die nicht mit beiden Reizen übereinstimmt. Wenn beispielsweise das Video von jemandem, der eine Silbe ausspricht (z. B. „ ba"), mit dem Ton einer anderen Silbe (z. B. „ga") gepaart ist, kann der Besucher auch eine völlig andere Silbe (z. B. „da") wahrnehmen, was zeigt, wie das Gehirn visuelle und auditive Informationen auf komplexe Weise integriert.

3. Taktile Illusionen: Taktile Illusionen entstehen, wenn unser Berührungsempfinden durch äußere Faktoren fehlgeleitet wird. Ein Beispiel ist die kutane Kaninchentäuschung, bei der eine Kette von Berührungen auf der Haut in einem bestimmten Muster das Gefühl eines „Kaninchens" erzeugt, das über die Haut hüpft, obwohl keine tatsächliche Bewegung stattfindet. Diese Illusion zeigt, wie das Gehirn sensorische Eingaben von verschiedenen Stellen auf der Haut übersetzt und Bewegungswahrnehmungen erzeugen kann, wenn diese nicht wirklich vorhanden sind.

4. Geschmacks- und Geruchsillusionen: Auch Geschmack und Geruch unterliegen Illusionen. Der Geschmack von Süße kann durch die Farbe des Essens oder Getränks angeregt werden. Studien zeigen, dass Menschen ein Getränk eher als süßer empfinden, wenn es rot oder violett gefärbt ist, selbst wenn es keinen zugesetzten Zucker enthält. Ebenso kann der Geruch von Lebensmitteln durch den

Kontext, in dem sie genossen werden, verändert werden. Beispielsweise kann ein Essen ansprechender riechen, wenn es in einer angenehmen Umgebung serviert wird oder von bestimmten Aromen begleitet wird.

Einer der Hauptgründe für Sinnestäuschungen ist die Abhängigkeit des Gehirns von Vorhersagen und Erwartungen. Das Gehirn macht ständig Vorhersagen darüber, was als nächstes passieren wird, basierend auf vergangenen Geschichten und Erkenntnissen. Diese Vorhersagen prägen unsere Vorstellung von der Welt und ermöglichen uns, schnelle Entscheidungen zu treffen. Wenn diese Vorhersagen jedoch falsch sind, kann das Ergebnis eine Sinnestäuschung sein.

Wenn wir uns beispielsweise in einem dunklen Raum befinden und ein Geräusch hören, das wir als Knarren interpretieren, könnte unser Gehirn annehmen, dass sich jemand in der Nähe bewegt. Wenn sich herausstellt, dass das Geräusch eindeutig der Wind war, hat unser Gehirn den Sinnesreiz auf Grundlage seiner Erwartungen falsch interpretiert. In ähnlicher Weise kann das Gehirn in Situationen der Unsicherheit, beispielsweise wenn uns mehrdeutige visuelle Informationen präsentiert werden, „die Lücken füllen", basierend auf Erfahrungen aus der Vergangenheit oder kontextuellen Hinweisen, was zu einer verzerrten oder illusionären Wahrnehmung führt.

Das Phänomen der Wahrnehmungsergänzung veranschaulicht diesen Vorhersageprozess auf ähnliche Weise. Wenn wir eine Szene beobachten, konzentrieren wir uns auf einen Teil der Umgebung, beispielsweise das Gesicht einer Person oder ein bestimmtes Objekt. Das Gehirn ergänzt jedoch die fehlenden Details der Umgebung ausschließlich auf der Grundlage früherer Informationen und Erwartungen, was manchmal zu Ungenauigkeiten in unserer Wahrnehmung der Gesamtszene führen kann.

Obwohl unsere Sinnesstrukturen in vielen Situationen bemerkenswert genau sind, sind sie nicht unfehlbar. Das Vorhandensein sensorischer Illusionen weist darauf hin, dass unsere Wahrnehmungen der Welt nicht immer direkte Widerspiegelungen objektiver Tatsachen sind. Stattdessen werden sie von den Verarbeitungsmechanismen des Gehirns geprägt, die Leistung, Überleben und die Entwicklung von Mitteln priorisieren. Sensorische Illusionen erinnern uns daran, dass das, was wir als real wahrnehmen, eine verzerrte oder unvollständige Darstellung der Welt sein kann.

Darüber hinaus ist die sensorische Genauigkeit bei verschiedenen Personen nicht immer gleich. Menschen mit unterschiedlicher sensorischer Sensibilität, neurologischen Erkrankungen oder kognitiven Fähigkeiten können Illusionen unterschiedlich wahrnehmen. Beispielsweise können einige Personen mit Synästhesie Geräusche auch als Farben wahrnehmen oder Geschmäcker mit bestimmten Formen assoziieren, was zu besonderen und persönlichen Erfahrungen der Realität führt. Diese Unterschiede in der sensorischen Verarbeitung heben die subjektive Natur der Wahrnehmung und die Rolle des Gehirns bei der Konstruktion individueller Geschichten der Welt hervor.

Sensorische Illusionen bieten einen interessanten Einblick in die Art und Weise, wie das Gehirn unsere Wahrnehmung der Realität konstruiert. Sie zeigen, dass unsere Sinne Informationen nicht nur passiv aufnehmen, sondern aktiv interpretieren und verarbeiten, oft auf eine Weise, die zu verzerrten oder unvollständigen Darstellungen der Außenwelt führt. Die Abhängigkeit des Gehirns von Vorhersagen, Kontext und früheren Erfahrungen spielt eine wichtige Rolle bei der Gestaltung unserer Erfahrung mit der Welt, und wenn diese Ansätze schiefgehen, entstehen sensorische Illusionen.

Obwohl unsere Sinnessysteme uns wunderbar dabei helfen, uns in der Welt zurechtzufinden, sind sie nicht perfekt. Die Illusionen, die sie erzeugen, heben die komplexe und dynamische Natur der Wahrnehmung hervor sowie die Art und Weise, wie das Gehirn aktiv die Realität konstruiert, die wir erleben. Das Verständnis der Mechanismen hinter Sinnestäuschungen gibt wertvolle Einblicke in die Natur der Wahrnehmung und die Grenzen unserer Fähigkeit, objektive Tatsachen wahrzunehmen. Letztendlich erinnern uns unsere

Sinneserfahrungen daran, dass das Gehirn nicht unbedingt ein rein passiver Empfänger äußerer Reize ist, sondern ein aktiver Akteur bei der Schaffung der Realität, die wir erleben.

1.4 Träume, Halluzinationen und alternative Realitäten

Die Natur der Realität, wie wir sie durch unsere Sinne wahrnehmen, ist nicht nur auf die Welt des Wachzustands beschränkt . Unser Geist ist in der Lage, ganze Erlebniswelten zu erschaffen, selbst wenn keine äußeren Reize vorhanden sind. Diese sich verändernden Wahrnehmungszustände – ob durch Träume, Halluzinationen oder andere Formen veränderter Realität – vermitteln tiefe Einblicke in die Art und Weise, wie das Gehirn die Welt um uns herum konstruiert und interpretiert.

Träume sind einer der rätselhaftesten Aspekte der menschlichen Aufmerksamkeit. Trotz jahrhundertelanger kultureller und psychologischer Forschung wissen Wissenschaftler immer noch nur teilweise, warum wir träumen und wie diese Träume entstehen. Träume entstehen während der REM-Schlafphase (Rapid Eye Movement), einer Phase, die durch erhöhte Aufmerksamkeit des Gehirns, schnelle Augenbewegungen und lebhafte visuelle und sensorische Eindrücke gekennzeichnet ist.

Während des REM-Schlafs ist das Gehirn sehr aktiv und verarbeitet häufig Gefühle, Erinnerungen und ungelöste Konflikte. Einige Theorien legen nahe, dass Träume auch als Form der kognitiven Verarbeitung dienen und dem Gehirn helfen können, Erinnerungen zu festigen, emotionale Berichte zu verstehen oder ungelöste Probleme aus dem Wachleben zu lösen. Eine andere Theorie geht davon aus, dass Träume tatsächlich die Art und Weise sind, wie das Gehirn zufällige neuronale Aktivitäten sortiert, denen dann durch die Interpretationssysteme des Gehirns Bedeutung verliehen wird.

Träume sind oft äußerst subjektiv, mit Bildern, Themen und Erzählungen, die von persönlichen Erfahrungen, Ängsten, Träumen und unterbewussten Gedanken beeinflusst werden können. Einige Träume, darunter Routineträume, klare Träume und Albträume, deuten jedoch auf tiefere psychologische oder physiologische Verbindungen zu unserem Wachleben hin. Beispielsweise findet klares Träumen statt, wenn der Träumer sich der Tatsache bewusst wird, dass er träumt, und tatsächlich die Fähigkeit hat, die Ereignisse im Traum zu beeinflussen. Diese Art von Traum stellt unser Bewusstseinsverständnis und die Grenzen zwischen der Wachwelt und der Traumwelt auf die Probe.

Der Inhalt von Träumen kann von banalen Geschichten bis hin zu surrealen oder fantastischen Situationen reichen. Menschen berichten häufig von extremen Gefühlen in

Träumen, von Freude bis Angst, obwohl sie wissen, dass die Berichte nicht real sind. Diese emotionalen Reaktionen unterstreichen die Fähigkeit des Gehirns, ein lebendiges und eindringliches Erlebnis zu schaffen, obwohl die Ereignisse selbst nicht in der physischen Welt stattfinden. Träume können zutiefst symbolisch sein, wobei bestimmte Bilder oder Themen besondere Bedeutungen haben, die mit der Psyche des Träumers verbunden sind. Träume vom Fliegen, Fallen oder Verfolgtwerden sind beispielsweise häufige Themen, an denen viele Menschen Freude haben und die oft unbewusste Ängste oder Träume widerspiegeln.

Während Träume während des Schlafs entstehen, sind Halluzinationen Wahrnehmungsstörungen, die im Wachzustand auftreten, häufig in Abwesenheit äußerer Reize. Halluzinationen können alle fünf Sinne betreffen, vom Sehen von Dingen, die nicht da sind (visuelle Halluzinationen) bis zum Hören nicht vorhandener Geräusche (auditive Halluzinationen). Im Gegensatz zu Träumen, die normalerweise als eine Form der inneren geistigen Verarbeitung verstanden werden, stellen Halluzinationen eine Störung der normalen Funktionsweise der sensorischen Verarbeitung dar.

Halluzinationen können viele verschiedene Ursachen haben, von psychischen Erkrankungen wie Schizophrenie bis hin zu neurologischen Störungen, Drogenkonsum, sensorischer

Deprivation und sogar Schlafentzug. Menschen mit Schizophrenie können beispielsweise auch akustische Halluzinationen erleben und Stimmen hören, denen andere nicht zuhören, was beunruhigend und verwirrend sein kann. Ebenso können Menschen, die an Delirium oder Hirnschäden leiden, visuelle Halluzinationen erleben und Dinge oder Personen sehen, die gar nicht da sind.

In einigen Fällen können Halluzinationen absichtlich ausgelöst werden, beispielsweise durch die Einnahme bestimmter psychedelischer Substanzen. Diese Pillen, darunter LSD, Psilocybin (Zauberpilze) und DMT, können die normalen sensorischen Verarbeitungswege des Gehirns verändern und zu tiefgreifenden Wahrnehmungsverzerrungen führen. Menschen, die unter dem Einfluss dieser Substanzen stehen, können auch helle und oft surreale Visionen erleben, darunter das Sehen geometrischer Muster, die Begegnung mit Fabelwesen oder das Gefühl, mit dem Universum zu verschmelzen.

Die Mechanismen hinter Halluzinationen sind komplex und betreffen Veränderungen in der Gehirnchemie und in neuronalen Schaltkreisen. Einige Forscher glauben, dass Halluzinationen aus der Tendenz des Gehirns entstehen, Erwartungen zu entwickeln, die auf vergangenen Erfahrungen beruhen, und dann sensorische Lücken zu „füllen", wenn äußere Reize nicht ausreichen. Bei visuellen Halluzinationen kann das Gehirn Bilder oder Situationen erzeugen, die auf früheren Erfahrungen oder emotionalen Zuständen beruhen, selbst wenn kein tatsächlicher visueller Input vorhanden ist. Dieses Phänomen deutet darauf hin, dass Wahrnehmung kein passiver Prozess ist, sondern eine aktive Struktur des Gehirns, bei der das Gehirn auf internen Prozessen basiert, um die Welt zu verstehen.

Die Erfahrungen von Träumen und Halluzinationen vermitteln das Gefühl einer neuen, objektiven Realität. Beide dieser veränderten Wahrnehmungszustände legen nahe, dass die Realität nicht wirklich das ist, was durch die Sinne wahrgenommen wird, sondern ein komplexes und dynamisches Gefüge, das vom Gehirn geschaffen wird. Bei Träumen konstruiert das Gehirn ganze Welten auf der Grundlage von Erinnerungen, Gefühlen und Vorstellungskraft, während das Gehirn bei Halluzinationen Sinneserfahrungen in Abwesenheit äußerer Reize erstellt.

Dies wirft die Frage auf: Wenn das Gehirn in der Lage ist, ganze Welten des Glaubens ohne äußere Einflüsse zu erschaffen, was sagt das dann über die Natur der Realität selbst aus? Wenn das Gehirn auf der Grundlage innerer Prozesse leuchtende Bilder der Welt erschaffen kann, ist dann unsere Wahrnehmung der Außenwelt „realer" als die Welten, die wir in Träumen oder Halluzinationen erleben?

Philosophen diskutieren schon lange über die Natur von Realität und Glauben. Manche argumentieren, dass alle unsere Geschichten subjektiv sind und dass wir die objektive Welt jenseits unserer Sinne niemals einfach erkennen können. Die Idee, dass die Realität vom Gehirn konstruiert und nicht passiv erworben wird, deutet darauf hin, dass unsere Wahrnehmungen flexibler und formbarer sein können, als wir glauben. In diesem Sinne sind Träume und Halluzinationen nicht einfach Anomalien oder Abweichungen von der normalen Wahrnehmung; sie sind integraler Bestandteil des menschlichen Erlebnisses und bieten wertvolle Einblicke in die Fähigkeit des Gehirns, alternative Realitäten zu konstruieren.

Ein faszinierender Aspekt von Träumen und Halluzinationen ist ihre Fähigkeit, die Grenzen zwischen dem, was „real" und was „eingebildet" ist, zu verwischen. In beiden Fällen sind die Erfahrungen merklich hell und eindringlich, sodass die Menschen sich oft fragen, ob sie tatsächlich die Realität erleben oder etwas ganz anderes. Menschen, die beispielsweise klare Träume haben, sind sich sehr wohl bewusst, dass sie träumen, aber im Traum können sie sich fühlen, als wären sie in einer sehr realen und greifbaren Welt. In ähnlicher Weise können Menschen, die Halluzinationen erleben, mit halluzinierten Objekten oder Menschen interagieren, als wären sie real, obwohl sie kein körperliches Leben haben.

Diese Verwischung der Grenzen hat Auswirkungen auf unsere Wahrnehmung und unser Gehirn. Wenn das Gehirn in der Lage ist, Erfahrungen zu machen, die sich so real anfühlen wie die in der physischen Welt, stellt dies die Vorstellung in Frage, dass Wahrnehmung eine direkte Widerspiegelung der objektiven Realität ist. Stattdessen bedeutet dies, dass die Realität teilweise ein Produkt der internen Prozesse des Gehirns ist, das von Erinnerungen, Emotionen und Erwartungen beeinflusst wird. Diese Ansicht steht im Einklang mit Theorien in Philosophie und Neurowissenschaft, die befürworten, dass die Realität kein fester und objektiver Faktor ist, sondern eine sich ständig verändernde und subjektive Erfahrung, die vom Gehirn geformt wird.

Träume, Halluzinationen und alternative Realitäten dokumentieren die Flüchtigkeit der menschlichen Wahrnehmung und stellen unser Wissen darüber, was real ist, auf die Probe. Sowohl Träume als auch Halluzinationen zeigen, dass das Gehirn kein passiver Empfänger sensorischer Informationen ist, sondern ein aktiver Akteur bei der Gestaltung der Welt, in der wir uns befinden. Während Träume im Schlaf entstehen und leuchtende und oft symbolische Situationen erzeugen, treten Halluzinationen im Wachzustand auf, stören die normale sensorische Verarbeitung und führen zu verzerrten oder völlig erfundenen Berichten.

Diese veränderten Bewusstseinszustände werfen tiefgreifende Fragen über die Natur von Realität und Glauben auf. Wenn das Gehirn in der Lage ist, ganze Erlebniswelten zu erschaffen, was sagt das dann über unsere Wahrnehmung der Außenwelt aus? Sind unsere Wacherlebnisse „realer" als die, die wir in Träumen oder Halluzinationen erleben? Letztendlich liefert die Untersuchung von Träumen, Halluzinationen und möglichen Realitäten wertvolle Einblicke in die komplexen Wahrnehmungsprozesse des Gehirns und verdeutlicht die Formbarkeit der menschlichen Konzentration.

1.5 Die Neurowissenschaft der Wahrnehmung: Wie die Wirklichkeit in unserem Gehirn kodiert wird

Wahrnehmung ist der Prozess, durch den wir die Welt um uns herum interpretieren und verstehen und so unser Wissen über die Realität formen. Es handelt sich dabei nicht um ein bloßes Spiegelbild der Außenwelt, sondern um einen komplexen kognitiven Prozess, der vom Gehirn aufgebaut wird. Unsere Sinne sammeln Daten aus der Umgebung, aber es ist das Gehirn, das diese Daten organisiert und interpretiert und so unsere subjektive Wahrnehmung der Realität erzeugt.

Das menschliche Gehirn ist mit hochspezialisierten Strukturen ausgestattet, die es ihm ermöglichen, Sinnesinformationen wahrzunehmen, zu verarbeiten und zu

Fevzi H.

interpretieren. Unsere Sinnesorgane – Augen, Ohren, Haut, Nase und Zunge – sind die erste Kommunikationslinie mit der Welt. Sie empfangen Reize aus der Umgebung und wandeln sie in elektrische Signale um, die an das Gehirn weitergeleitet werden. Das Gehirn nimmt diese Signale jedoch nicht passiv auf; stattdessen interpretiert und konstruiert es aktiv unsere Wahrnehmung der Realität.

Im Mittelpunkt der Wahrnehmung steht die Fähigkeit des Gehirns, eingehende Sinneseindrücke zu verstehen, indem es Daten von speziellen Sinnen integriert und mit vorhandenen Daten vergleicht. Dieser Prozess ist nicht immer eine ehrliche Widerspiegelung der Außenwelt ; das Gehirn trifft ständig Vorhersagen und Anpassungen, die auf Erfahrungen aus der Vergangenheit und kontextuellen Faktoren basieren. Im Wesentlichen ist die Wahrnehmung ein positiver Prozess, bei dem das Gehirn Lücken in Sinneseindrücken füllt und seine Fähigkeiten anpasst, um mehrdeutige oder unvollständige Informationen zu verstehen.

Die Wahrnehmungsstrukturen des Gehirns basieren stark auf neuronalen Netzwerken und Schaltkreisen, die mehrere Bereiche des Gehirns einbeziehen. So ist beispielsweise der primäre visuelle Kortex für visuelle Informationen zuständig, während der auditorische Kortex für Geräusche zuständig ist. Höher geordnete Bereiche des Gehirns, wie der präfrontale Kortex, sind jedoch für die

Integration dieser sensorischen Informationen in Gedächtnis, Interesse und kognitive Fähigkeiten verantwortlich. Hier beginnt unsere subjektive Wahrnehmung der Realität Gestalt anzunehmen, da das Gehirn sensorische Eingaben im Kontext unserer Gefühle, früheren Studien und Erwartungen übersetzt.

Die Verarbeitung sensorischer Informationen durch das Gehirn beginnt in dem Moment, in dem es Signale von den Sinnesorganen empfängt. Dieser Prozess läuft in mehreren Phasen ab, wobei jede Phase die Komplexität der zu verarbeitenden Informationen erhöht. Wenn wir beispielsweise ein Objekt sehen, fällt Licht in das Auge und wird auf die Netzhaut fokussiert, wo es von Fotorezeptorzellen in elektrische Signale umgewandelt wird. Diese Signale werden dann an den visuellen Kortex im hinteren Teil des Gehirns gesendet, wo sie auf ähnliche Weise verarbeitet werden, um Formen, Farben und Bewegungen zu erkennen.

Beim Sehen geht es jedoch nicht nur um die Wahrnehmung von Licht und Farbe; es umfasst auch eine Verarbeitung auf höherer Ebene, die uns hilft zu verstehen, was wir sehen. Das Gehirn berücksichtigt Kontext, frühere Informationen und sogar Erwartungen darüber, was wir sehen sollten. Deshalb wird unsere Wahrnehmung der Welt oft davon beeinflusst, was wir bereits wissen oder zu erleben glauben. Wenn wir uns beispielsweise in einer vertrauten Umgebung befinden, verwendet das Gehirn diesen Kontext, um

Vorhersagen darüber zu treffen, welche Dinge wahrscheinlich vorhanden sein werden und wie sie aussehen sollten, was manchmal zu Fehlwahrnehmungen oder Illusionen führen kann, wenn die Dinge von dem Erwarteten abweichen.

Ähnlich funktioniert das Hörsystem, indem es Schallwellen erkennt, die ins Ohr gelangen und diese dann in elektrische Signale umwandeln, die das Gehirn verarbeitet. Der auditorische Kortex übersetzt diese Signale, sodass wir Geräusche verstehen und Sprache erleben können. Das Gehirn integriert außerdem Hörinformationen mit visuellen und taktilen Informationen und hilft uns so, den Kontext der Geräusche zu verstehen, die wir hören. Wenn wir beispielsweise jemanden sprechen hören, verarbeitet unser Gehirn nicht nur den Klang der Worte, sondern interpretiert auch den emotionalen Ton und den Kontext des Gesprächs anhand visueller Hinweise wie Gesichtsausdrücke und Körpersprache.

Die Integration sensorischer Daten ist ein wesentlicher Bestandteil des Denkens. Das Gehirn kombiniert ständig Eingaben von verschiedenen Sinnen, darunter Sehen, Hören und Berühren, um eine einheitliche und kohärente Wahrnehmung der Welt zu schaffen. Diese multisensorische Integration ermöglicht es uns, unsere Umgebung effizient zu navigieren, vom Erkennen von Gesichtern bis zum Entschlüsseln der Platzierung von Objekten im Raum. Diese

Integration kann jedoch auch zu sensorischen Konflikten führen, die unser Denken beeinflussen, beispielsweise wenn visuelle und akustische Daten nicht zusammenpassen, was zu Berichten wie dem McGurk-Effekt führt, bei dem wir basierend auf dem, was wir sehen, einen anderen Klang wahrnehmen.

Während die sensorische Verarbeitung die Grundlage der Wahrnehmung ist, sind es die Aufmerksamkeitsmechanismen und kognitiven Funktionen des Gehirns, die unser Erleben formen und verfeinern. Die Aufmerksamkeit spielt eine zentrale Rolle bei der Bestimmung, welche sensorischen Informationen priorisiert und detailliert verarbeitet werden und welche Informationen unbeachtet bleiben. Diese selektive Aufmerksamkeit ermöglicht es uns, uns auf wichtige Reize in unserer Umgebung zu konzentrieren und gleichzeitig irrelevante oder ablenkende Informationen auszufiltern.

Aufmerksamkeit ist ein dynamischer und flexibler Prozess, der es uns ermöglicht, unser Bewusstsein je nach den Anforderungen der Situation zu verändern. Wenn wir beispielsweise fahren, ist unsere Aufmerksamkeit normalerweise auf die Straße und den umgebenden Verkehr gerichtet und wir filtern andere, weniger relevante Sinneseindrücke aus, wie etwa die Kommunikation im Auto. Diese Fähigkeit, selektiv auf positive Reize zu achten, wird durch die Aufmerksamkeitsnetzwerke des Gehirns gesteuert, zu denen Regionen wie der Parietallappen und der Frontallappen gehören.

Allerdings ist die Aufmerksamkeit nicht immer vollkommen richtig. Die kognitiven Verzerrungen des Gehirns, die durch Emotionen, frühere Studien und Erwartungen ausgelöst werden, können die Wahrnehmung verzerren. Beispielsweise kann eine Person, die Angst vor Hunden hat, bei jedem Anzeichen eines Hundes in ihrer Umgebung übermäßig wachsam sein und sogar einen Schatten oder eine Gestalt mit einem echten Hund verwechseln. Diese Aufmerksamkeitsverzerrung führt zu einer erhöhten Wahrnehmung von Gefahren, selbst wenn keine unmittelbare Gefahr besteht. Auf diese Weise können unsere Gefühle und kognitiven Systeme die Art und Weise prägen, wie wir die Welt wahrnehmen, was manchmal zu Verzerrungen oder Fehlinterpretationen führt.

Darüber hinaus kann auch die Top-down-Verarbeitung, bei der das Gehirn vorheriges Wissen und Erwartungen anwendet, um sensorische Eingaben zu interpretieren, die Wahrnehmung beeinflussen. Wenn uns mehrdeutige oder unvollständige Informationen gegeben werden, verwendet das Gehirn Kontext und Erfahrung, um die Lücken zu füllen und dem, was wir sehen oder hören, einen Sinn zu geben. Wenn wir beispielsweise einen Satz mit fehlenden Buchstaben oder

Wörtern lesen, sind wir oft in der Lage, die Lücken auf der Grundlage unseres Sprach- und Kontextwissens zu füllen, sodass wir die Bedeutung trotz der unvollständigen Informationen verstehen. Dieses Vertrauen auf vorheriges Wissen kann jedoch auch zu Illusionen oder Fehlwahrnehmungen führen, z. B. dass wir in unbelebten Objekten Gesichter sehen oder in zufälligen Geräuschen Stimmen hören.

Trotz der bemerkenswerten Fähigkeit des Gehirns, ein genaues Bild der Welt zu erstellen, ist es anfällig für Fehler. Wahrnehmungstäuschungen treten auf, wenn das Gehirn sensorische Informationen falsch interpretiert und dadurch eine verzerrte oder falsche Wahrnehmung der Realität entsteht. Diese Täuschungen spiegeln die Komplexität der Art und Weise wider, wie das Gehirn sensorische Informationen verarbeitet, und die zahlreichen Faktoren, die das Denken beeinflussen.

Optische Illusionen, darunter die Müller-Lyer-Täuschung (bei der zwei Linien gleicher Länge gleich aussehen), zeigen, wie das Gehirn Kontexthinweise nutzt, um Länge und Entfernung zu interpretieren. In diesem Fall basiert das Gehirn auf Vorinformationen darüber, wie sich Linien in der Welt im Allgemeinen verhalten, was dazu führt, dass es eine Linie als länger als die andere wahrnimmt, obwohl sie gleich lang sind. In ähnlicher Weise zeigen akustische Illusionen, wie der Shepard-Ton (der die Illusion einer stetig ansteigenden Tonhöhe erzeugt), wie das Gehirn auf eine Weise mit Geräuschen umgeht, die zu Wahrnehmungsfehlern führen kann.

Wahrnehmungsillusionen sind nicht nur Kuriositäten; sie bieten wertvolle Einblicke in die zugrunde liegenden Wahrnehmungsmechanismen des Gehirns. Durch die Analyse dieser Illusionen können Neurowissenschaftler mehr darüber herausfinden, wie das Gehirn sensorische Daten verarbeitet, Vorhersagen trifft und unser subjektives Realitätserlebnis konstruiert. Illusionen verfolgen das komplexe Zusammenspiel zwischen sensorischen Eingaben, Interesse, Gedächtnis und kognitiven Prozessen und verdeutlichen, dass die Interpretation der Welt durch das Gehirn nicht immer eine getreue Darstellung der objektiven Realität ist.

Einer der faszinierendsten Aspekte der Wahrnehmung ist ihre Plastizität – die Fähigkeit des Gehirns, seine Wahrnehmungstechniken auf der Grundlage von Erfahrungen anzupassen und zu verändern. Diese neuronale Plastizität hilft uns, neue Umgebungen zu lernen und uns an sie anzupassen sowie uns von Verletzungen zu erholen, die die sensorische Verarbeitung beeinträchtigen. Wenn eine Person beispielsweise ihr Augenlicht verliert, gleicht das Gehirn dies aus, indem es die letzten Sinne, einschließlich Berührung und Gehör, verstärkt, um uns bei der Orientierung in der Umgebung zu helfen.

Ebenso werden die Wahrnehmungssysteme des Gehirns durch Erfahrung ständig geformt. Menschen, die Sportarten ausüben, die eine erhöhte sensorische Wahrnehmung erfordern, wie etwa Musiker oder Sportler, können spezielle Wahrnehmungsfähigkeiten entwickeln, die es ihnen ermöglichen, Informationen effizienter oder präziser zu verarbeiten. Diese Anpassungsfähigkeit bedeutet, dass die Wahrnehmung kein starrer oder starrer Prozess ist, sondern ein dynamischer und flexibler Prozess, der durch die fortlaufende Interaktion des Gehirns mit dem Feld geformt wird.

Wahrnehmung ist nicht unbedingt ein passiver Prozess der Aufnahme sensorischer Informationen ; es ist vielmehr eine aktive und dynamische Realitätsbildung, die komplexe Interaktionen zwischen sensorischer Eingabe, Aufmerksamkeit, Gedächtnis und Kognition umfasst. Das Gehirn integriert kontinuierlich Informationen aus verschiedenen sensorischen Strukturen, trifft Vorhersagen auf der Grundlage früherer Studien und passt seine Prozesse an Kontextfaktoren und Aufmerksamkeitsanforderungen an. Dieser Prozess ist jedoch nicht unfehlbar und das Gehirn ist anfällig für Wahrnehmungsfehler, die zu Illusionen und Fehlinterpretationen der Welt führen.

Die Neurowissenschaft des Denkens liefert wertvolle Erkenntnisse darüber, wie das Gehirn unser Realitätserlebnis konstruiert und wie es unser Wissen über die Welt formt. Die

Fähigkeit des Gehirns, ein kohärentes und umfassendes Realitätserlebnis zu erzeugen, ist zwar großartig, zeigt aber auch die Grenzen unseres Denkens und die Formbarkeit der menschlichen Aufmerksamkeit auf. Indem wir analysieren, wie das Gehirn sensorische Daten verarbeitet, können wir ein tieferes Verständnis der Rolle des Gehirns bei der Gestaltung unseres Realitätserlebnisses und der Art und Weise gewinnen, wie die Realität in unserem Gehirn kodiert wird.

KAPITEL 2

Philosophische Perspektiven zur Simulationstheorie

2.1 Platons Höhlengleichnis: Ist die Welt, die wir sehen, nur ein Schatten?

Platons Höhlengleichnis ist einer der Grundpfeiler der westlichen Philosophie und hilft uns, den Unterschied zwischen Realität und Wahrnehmung zu verstehen. Das Gleichnis zeigt, wie der Begriff „Wahrheit" für jeden Menschen anders aufgebaut ist und wie unsere Wahrnehmung der Welt möglicherweise stark eingeschränkt ist. Platons Vergleich zwischen der Welt der Papiere und den Schatten an der Höhlenwand dient als tiefgründige Metapher, die mit modernen Interpretationen der Simulationstheorie übereinstimmt.

In Platons Höhlengleichnis werden Menschen als Gefangene dargestellt, die in einer dunklen Höhle gefangen sind und Schatten beobachten, die auf eine Wand projiziert werden. Diese Gefangenen wurden so angekettet, dass sie nur die Schatten von Gegenständen hinter sich sehen können. Diese Schatten sind bloße Reflexionen der realen Welt außerhalb der Höhle. Die Gefangenen, die die Außenwelt nie gesehen haben, nehmen diese Schatten als Realität wahr. Einer der Gefangenen entkommt schließlich und sieht das Licht außerhalb der Höhle. Zunächst blendet ihn die Helligkeit, doch im Laufe der Jahre lernt er die reale Welt kennen und erkennt die Natur der Realität. Er kehrt in die Höhle zurück, um es den anderen zu erzählen, doch sie widersetzen sich seinen Behauptungen und lehnen die Vorstellung ab, dass sich hinter ihren Schatten etwas befindet.

Diese Allegorie dient als tiefgründige Metapher für moderne Simulationstheorien, die sich damit beschäftigen, ob die Welt, die wir wahrnehmen, tatsächlich real ist oder nur eine Illustration. Ähnlich wie die Gefangenen in der Höhle sind wir auf ein begrenztes Wissen über die Realität beschränkt, wobei das, was wir wahrnehmen, nur ein „Schatten" der realen Welt ist. Die Vorstellung, dass die Welt, die wir wahrnehmen, nicht die reale Realität ist, ist eine Überzeugung, die mit der Theorie der Simulationstheorie übereinstimmt, wonach unsere Wahrnehmungen nur eine simulierte Version einer viel größeren und komplexeren Realität sind.

In Platons Philosophie liegt die wahre Natur der Realität im Reich der „Formen", die abstrakte, perfekte und ewige Ideale sind. Die physische Welt ist laut Platon lediglich eine unvollkommene Darstellung dieser Ideale. Diese Wahrnehmung entspricht der zentralen Frage der Simulationstheorie: Ist die Welt, die wir kennen, einfach real oder ist sie nur eine Simulation? In der Simulationstheorie wird das Universum als künstliches Gebilde betrachtet – möglicherweise geschaffen von einer hochentwickelten Intelligenz wie einem Supercomputer oder einer KI. In ähnlicher Weise vertreten Platons Formen die Ansicht, dass

Fevzi H.

das, was wir durch unsere Sinne erfahren, ein unbedeutendes Spiegelbild einer höheren, perfekteren Realität ist.

Sowohl Platons Theorie als auch die Simulationstheorie legen nahe, dass unser Verständnis der Realität von Natur aus begrenzt ist und dass die wahre Natur des Lebens jenseits dessen liegt, was wir wahrnehmen oder glauben können. Wenn wir Platons Argumentation folgen, könnte die Welt, die wir erleben, den Schatten an der Höhlenwand ähneln – nur ein schwacher Blick auf etwas viel Komplexeres und Tiefgründigeres. Die Vorstellung, dass die Realität eine künstliche Simulation sein könnte, erscheint nicht weit hergeholt, wenn man sie durch die Linse von Platons Idealismus betrachtet.

Die Simulationstheorie steht in engem Einklang mit der Vorstellung, dass wir, genau wie Platons Gefangene, in einer künstlichen Realität gefangen sind und nur begrenzten Zugang zu dem haben, was tatsächlich existiert. Wenn die Welt tatsächlich eine Simulation ist, dann sind wir als ihre Bewohner nichts anderes als die Gefangenen in der Höhle und können nur sehen und begreifen, was uns innerhalb der Parameter der Simulation präsentiert wird. Im Falle virtueller Welten, erweiterter Realitäten und virtueller Simulationen könnten wir uns sogar stärker von der physischen Welt abkoppeln und beginnen, diese konstruierten Erfahrungen als die authentischste Form der Realität zu akzeptieren.

Doch genau wie der Gefangene, der aus der Höhle entkommt, die Wahrheit über die Welt erkennt, können auch Menschen, die mit dem Konzept der Simulationstheorie vertraut sind, versuchen, die wahre Natur des Lebens jenseits dessen zu verstehen, was ihnen gegeben ist. Diese Theorie stellt die Art und Weise in Frage, wie wir unsere Sinneswahrnehmungen interpretieren. In der heutigen Zeit hat die virtuelle Realität eine neue Ebene der Simulation in unser Leben gebracht, in der virtuelle Welten die physische Welt nachahmen , aber dennoch nur eine eingeschränkte Version der Realität darstellen. Die Frage bleibt: Wenn unsere Wahrnehmungen von einem größeren Gefüge beherrscht werden, können wir uns dann jemals losreißen und die „freie Welt" erleben?

Die Simulationstheorie bietet, wenn sie mit Platons Philosophie kombiniert wird, eine tiefere Untersuchung der Art und Weise, wie sich Konzentration auf das Konzept der Wahrheit bezieht. Wenn unsere Sinneswahrnehmungen und -berichte auf einer Simulation basieren, wie können wir dann behaupten, irgendetwas über die wahre Natur der Welt zu wissen? Platons Ansicht legt nahe, dass menschliches Wissen auf den Bereich der Erscheinungen beschränkt ist, tieferes Bewusstsein jedoch im intellektuellen und spirituellen Bereich liegt. In ähnlicher Weise argumentiert die Simulationstheorie, dass unsere bewussten Berichte bloße Projektionen sein könnten, die von einem höheren System erstellt wurden.

In diesem Zusammenhang ist das Bewusstsein selbst keine natürliche Funktion des Gehirns, sondern vielmehr ein emergenter Bestandteil der Simulation. Dies wirft eine noch tiefere Frage auf: Wenn wir in einer Simulation leben, ist unser Bewusstsein dann ein Artefakt der simulierten Umgebung oder gibt es eine Möglichkeit für unser Gehirn, über die Grenzen dieses Systems hinauszugehen und die zugrunde liegende Realität zu verstehen? Platons Metapher der Gefangenen in der Höhle legt nahe, dass das Ausbrechen aus der Simulation eine Änderung der Denkweise erfordert – eine Bewegung von Unwissenheit zur Erkenntnis, vom Schatten zum Licht.

Platons Höhlengleichnis, betrachtet durch die Linse des Simulationsprinzips, veranlasst uns zu fragen: Was ist Wahrheit? Wenn unsere Vorstellung von der Welt beschränkt ist und hauptsächlich auf einer Simulation basiert, wie können wir dann jemals wirklich die Natur des Lebens erkennen? Sowohl das Simulationsprinzip als auch Platons Idealismus weisen auf die Möglichkeit hin, dass unsere Sinneswahrnehmungen lediglich Schatten einer tieferen Wahrheit sind. Diese Erkenntnis stellt das Wesen der menschlichen Wahrnehmung in Frage und zwingt uns, die Grenzen dessen, was real und was Phantasie ist, zu überdenken.

Die Allegorie und die Simulationstheorie legen letztlich nahe, dass unser Wissen über die Welt von Natur aus falsch ist, wenn unser Leben tatsächlich eine Simulation ist. So wie die Gefangenen in der Höhle nicht in der Lage sind, die Welt jenseits der Schatten zu verstehen, so könnten auch wir in einer Simulation gefangen sein, die unser Wissen über die reale Realität einschränkt. In diesem Beispiel wird das Streben nach Wissen und Weisheit nicht mehr nur zu einer intellektuellen Übung, sondern zu einer Suche nach dem zugrunde liegenden Code, der die wahre Natur des Lebens überwachen kann. So wie die Gefangenen die Höhle verlassen müssen, um das Licht zu sehen, sollten auch wir versuchen, aus der Simulation auszubrechen, um einen Blick auf die reale Welt dahinter zu werfen.

2.2 Descartes und die zweifelhafte Natur der Realität: Ich denke, also bin ich?

René Descartes, der oft als Vater der modernen Philosophie angesehen wird, schlug den berühmten Satz „Cogito, ergo sum" („Ich denke, also bin ich") als grundlegende Wahrheit im technologischen Leben vor. Diese Aussage war eine Reaktion auf seinen radikalen Skeptizismus – seine Art, alles anzuzweifeln , einschließlich des Lebens der Außenwelt und seines eigenen Körpers. Descartes' Ansatz, der als kartesischer Skeptizismus bezeichnet wird, stimmt

Fevzi H.

auffallend mit den modernen Fragen überein, die sich um die Simulationstheorie und die Natur der Realität drehen. Descartes' Meditationen bieten eine tiefgreifende Erforschung von Zweifel, Erkenntnis und den Grenzen menschlicher Erfahrung, die für die anhaltende Debatte darüber, ob unsere Realität wahr oder nur eine Simulation ist, von entscheidender Bedeutung sind.

Descartes' philosophische Reise begann mit dem, was er als methodischen Zweifel bezeichnete, einem Prozess, durch den er alles anzweifelte, von dem er wusste, dass es wahr ist, um zu etwas Zweifelsfreiem zu gelangen. In seinem Werk Meditationen über die Erste Philosophie hinterfragte Descartes die Existenz der Außenwelt, einschließlich des physischen Körpers, des Universums oder sogar seines eigenen Geistes. Er argumentierte, dass es plausibel sei, dass all dies Illusionen seien, die von einer äußeren Kraft oder einem trügerischen Dämon geschaffen wurden – eine Theorie, die der Idee einer simulierten Realität entspricht, in der eine komplexe Entität die Überzeugung eines Individuums manipulieren könnte.

Descartes' Skeptizismus erstreckte sich sogar auf die Zuverlässigkeit seiner Sinne, die getäuscht werden können, wie im Fall von optischen Täuschungen oder Träumen. Er postulierte, dass unsere Sinne überhaupt keine externe, objektive Realität widerspiegeln. Dieser Zweifel an den Sinnen spiegelt die moderne Simulationstheorie wider, die zeigt, dass die Sinneserfahrungen, die wir wahrnehmen, künstlich erzeugt werden könnten, was uns dazu veranlasst, uns zu fragen, ob wir das, was wir erleben, überhaupt wirklich glauben können.

Die Frage „Was ist real?" wird nicht nur zu einer philosophischen Untersuchung, sondern zu einer kritischen Überlegung im Kontext der Simulationstheorie. Wenn die Natur der Realität auf diese Weise angezweifelt werden kann, welche Garantien gibt es dann dafür, dass die Welt um uns herum nicht offensichtlich eine Simulation ist, die darauf angelegt ist, uns zu täuschen? Obwohl Descartes' Argument Jahrhunderte vor dem Konzept der virtuellen Realität oder virtuellen Simulationen entwickelt wurde, bietet es die hochgestochene Grundlage für das Verständnis, wie wir in einem simulierten Universum existieren könnten und wie unsere Wahrnehmungen durch eine unsichtbare Kraft verzerrt werden könnten.

Obwohl Descartes an allem zweifelte, gelangte er schließlich zu der Überzeugung, dass der Akt des Zweifelns selbst eine Denkaufgabe erforderte, um den Akt des Zweifelns auszuführen. Daher wurde sein berühmtes Fazit Cogito, ergo sum – „Ich denke, also bin ich" – zur einzigen unbestreitbaren Wahrheit. Descartes argumentierte, dass das Leben seiner eigenen Gedanken oder Konzentration nicht angezweifelt werden könne, da, obwohl ihn ein bösartiger Dämon über die Außenwelt getäuscht hatte, der Akt des Täuschens selbst ein fragendes, bewusstes Wesen erforderte, um getäuscht zu werden.

Dieser philosophische Glaube dient als wichtiger Anker bei der Suche nach Wahrheit inmitten von Ungewissheit. Für Descartes war das Gehirn – unsere Fähigkeit zu denken, zu zweifeln und zu zielen – die Grundlage des Lebens. Im Kontext der Simulationstheorie wirft dies eine entscheidende Frage auf: Wenn wir tatsächlich in einer Simulation leben, was ist dann die Natur des Gehirns in dieser Simulation? Descartes' Betonung des Denkproblems hebt hervor, dass das Gehirn selbst in einer simulierten Realität unabhängig von der simulierten Welt existieren und seine Fähigkeit zum Zweifeln, Denken und Selbsterkenntnis behalten kann. Wenn jedoch das gesamte Universum eine Simulation ist, was bedeutet das dann für die Natur des Bewusstseins? Kann Konzentration tatsächlich ohne eine physische Realität existieren, mit der sie interagieren kann?

Descartes führte die Idee des bösen Dämons ein – eines allmächtigen Wesens, das uns möglicherweise fälschlicherweise glauben machen könnte, dass die Außenwelt so existiert, wie wir sie wahrnehmen, während sie in Wirklichkeit wahrscheinlich völlig erfunden ist. Dieses Konzept nimmt die moderne Simulationstheorie vorweg, in der der „böse Dämon" durch das Konzept einer superintelligenten Entität oder einer fortgeschrittenen künstlichen Intelligenz ersetzt wird, die eine simulierte Realität schafft und kontrolliert. In dieser Situation sind unsere Wahrnehmungen der Welt kein Spiegelbild einer objektiven, äußeren Tatsache, sondern werden stattdessen durch eine äußere Kraft manipuliert, ähnlich wie eine simulierte Umgebung durch einen Computer gesteuert werden könnte.

Die Ähnlichkeiten zwischen Descartes' bösem Dämon und der Simulationstheorie sind auffällig. In beiden Fällen ist der Geist in einer konstruierten Realität gefangen und nicht in der Lage, die wahre Natur des Lebens zu bestätigen. So wie Descartes sich fragte, ob wir unseren Sinnen glauben können, fordert uns die Simulationstheorie dazu auf, zu hinterfragen, ob wir unseren Wahrnehmungen Glauben schenken können, wenn sie durch eine Simulation erzeugt werden. Ist unsere Erfahrung der Realität eindeutig eine Erfindung, ähnlich wie Descartes' imaginäre Welt der Täuschung?

Descartes' Betonung des Geistes als Grundlage der Realität in einer Welt voller Zweifel steht in tiefem Einklang mit aktuellen Bedenken über die Natur des Bewusstseins im Bereich der Simulationstheorie. Wenn wir in einer simulierten Welt leben , wird die Interaktion des Gehirns mit dieser Simulation zu einem zentralen Punkt der Aufmerksamkeit. Descartes vertrat die Ansicht, dass das Gehirn vom Körper getrennt ist, eine Theorie, die als Dualismus bezeichnet wird. Diese Ansicht wirft interessante Fragen über die Natur des Gehirns in einer simulierten Realität auf: Wenn das Gehirn unabhängig vom Körper in der physischen Welt denken kann, sollte es dann auch in einer Simulation eine Rolle spielen? Hätte das Gehirn in einer Welt, in der jedes Sinneserlebnis von einer externen Kraft gesteuert und gestaltet wird, noch eine Rolle?

Descartes glaubte außerdem, dass die Wahrnehmung der Außenwelt durch die Sinne vermittelt wird, die Sinne jedoch getäuscht werden können. Im Fall der Simulationstheorie könnte das Gehirn immer noch eine konstruierte Realität wahrnehmen, die möglicherweise von einer höheren Intelligenz manipuliert wurde. Dies wirft die Frage auf, ob unser Bewusstsein in der Lage ist, sich aus den simulierten Grenzen zu lösen, um reale Informationen zu erhalten, oder ob es dauerhaft darauf beschränkt ist, eine konstruierte Realität zu erleben.

Descartes' Skeptizismus und seine spätere Behauptung, dass der Geist die unzweifelhafteste Grundlage des Wissens sei, bleiben ein wichtiger Punkt in philosophischen Debatten über die Natur der Realität. Doch die Simulationstheorie erweitert Descartes' ursprünglichen Skeptizismus und legt nahe, dass unsere Sinne uns nicht nur belügen können, sondern dass die gesamte Welt, die wir erleben, wahrscheinlich eine Illusion ist, die von einer externen, künstlichen Maschine gesteuert wird. Diese Ansicht erweitert den Umfang von Descartes' ursprünglichem Zweifel, indem sie impliziert, dass die

Außenwelt selbst möglicherweise nicht so existiert, wie wir sie verstehen.

Wenn die Simulationstheorie zutrifft und unsere Realität künstlich konstruiert ist, lässt sich Descartes' Behauptung, der Geist sei die Grundlage der Realität, in ähnlicher Weise überprüfen. In einer simulierten Welt kann der Geist ein wichtiges Element sein, seine Aussagen können jedoch durch die Struktur der Simulation eingeschränkt werden. Gilt Descartes' Dualismus – seine Trennung von Geist und Körper – auch dann noch, wenn die physische Welt eine Illusion ist? Oder ist der Geist selbst lediglich ein Teil der Simulation, der in den von der künstlichen Maschine festgelegten Parametern existiert?

René Descartes' philosophische Erforschung des Zweifels und der Natur der Realität bietet eine fundierte Grundlage für innovative Diskussionen über die Natur des Lebens, insbesondere in Bezug auf die Simulationstheorie. Descartes' Cogito, ergo sum unterstreicht die zentrale Rolle des Bewusstseins in der Wissensrealität, aber die Simulationstheorie verkompliziert dies, indem sie die Realität der Arena betrachtet, in der das Bewusstsein existiert. Ob in einer Welt der äußeren Täuschung oder in einem simulierten Universum, Descartes' Skeptizismus bleibt ein zentrales Instrument, um die Grenzen des menschlichen Wissens und die Rolle des Denkens bei der Gestaltung unserer Berichte zu verstehen.

Fevzi H.

Während wir weiterhin die philosophischen Implikationen der Simulationstheorie erforschen, dient Descartes' Werk als Prüfstein für den Vergleich, wie unser Verstand die Realität, in der wir existieren, verarbeitet, interpretiert und letztlich hinterfragt. In einer Welt, die wahrscheinlich eine Simulation ist, bleibt die Kernfrage: Wenn wir getäuscht werden, wie können wir dann jemals ehrlich erkennen, was real ist?

2.3 Berkeley und der Idealismus: Wenn es keine Materie gibt, was ist dann Realität?

Das Konzept des Idealismus, wie es der Logiker George Berkeley aus dem 18. Jahrhundert vorschlug, bietet eine interessante Perspektive, durch die man die Natur der Realität betrachten kann – eine Perspektive, die in modernen Diskussionen über die Simulationstheorie tief verankert ist. Berkeleys Idealismus stellt die weit verbreitete Annahme in Frage, dass die physische Welt unabhängig von unserer Wahrnehmung existiert. Sein berühmtes Diktum „esse est percipi" (sein heißt wahrgenommen werden) besagt, dass die Realität nur aus Geistern und ihren Gedanken besteht. Mit anderen Worten: Die äußere Welt existiert nicht außerhalb der Wahrnehmung bewusster Wesen, und materielle Objekte sind nur insoweit real, als sie wahrgenommen werden.

Berkeleys Idealismus scheint auf den ersten Blick deutlich anders zu sein als die materialistische Weltanschauung, in der das physische Universum unabhängig von der menschlichen Wahrnehmung existiert. Doch wenn man Berkeleys Gedanken im Kontext der Simulationstheorie betrachtet, scheinen sie eine überraschende Relevanz für moderne philosophische Fragen über die Natur der Realität zu haben.

Der Idealismus von George Berkeley entspringt seinem radikalen Engagement für die materialistische Idee der Wahrheit. Berkeley zufolge ist das Leben von Objekten vollständig davon abhängig, dass sie wahrgenommen werden. Ohne einen Geist, der sie wahrnimmt, hören Objekte auf zu existieren. In seinem Werk A Treatise Concerning the Principles of Human Knowledge argumentiert Berkeley, dass alle physischen Objekte tatsächlich Ideen im Geist sind und diese Ideen von Gott aufrechterhalten werden, der die Welt ständig wahrnimmt und am Leben erhält. Für Berkeley ist keine materielle Substanz erforderlich, um die Welt um uns herum zu beschreiben. Vielmehr ist alles, was wir wahrnehmen – sei es ein Stein, ein Baum oder ein Planet – tatsächlich eine Idee im Geist, ein Objekt der Vorstellung.

Diese Ansicht stellt die materialistische Annahme, dass Objekte unabhängig vom Geist existieren, grundsätzlich in Frage. Berkeleys Argumentation beruht auf der Annahme, dass unsere Sinneswahrnehmungen – Sehen, Berühren, Schmecken usw. – nicht das Ergebnis von Interaktionen mit einer vom Geist unabhängigen Welt sind, sondern vielmehr Teil eines geistigen Rahmens. Die Außenwelt besteht nach Berkeleys Ansicht nicht aus materiellem Material, sondern ist vielmehr eine Ansammlung von Wahrnehmungen, die durch einen göttlichen Geist aufrechterhalten werden können. Auf die Frage, wie Realität ohne materielle Objekte existieren kann, antwortet Berkeley mit der Behauptung, dass alle Dinge im Geist Gottes existieren.

Die Verbindung zwischen Berkeleys Idealismus und der Simulationstheorie wird offensichtlich, wenn wir uns an die Natur der Wahrnehmung in einer simulierten Realität erinnern. Wenn unsere Wahrnehmung der Welt das Ergebnis einer Simulation ist, dann existiert die Außenwelt, genau wie Berkeleys Idealismus, möglicherweise nicht unabhängig von unserer Wahrnehmung von ihr. In einem simulierten Universum existiert alles, was wir erleben – jedes Objekt, jede Landschaft, jeder Mensch –, weil die Simulation dazu bestimmt ist, diese Geschichten für uns zu liefern. Die Welt existiert nicht außerhalb der Simulation; sie existiert, weil sie von uns, der Bevölkerung der Simulation, wahrgenommen wird.

Die Simulationstheorie, die davon ausgeht, dass unsere Realität eine computergenerierte Simulation ist, weist viele Parallelen zu Berkeleys Idealismus auf. In einer Simulation ist die „physische" Welt um uns herum nichts weiter als eine Illusion, die mithilfe eines hochentwickelten Computers erzeugt wird. So wie Berkeleys Idealismus die Existenz einer äußeren, materiellen Welt leugnet , geht die Simulationstheorie davon aus, dass das physische Universum, das wir wahrnehmen, nicht im herkömmlichen Sinne „real" ist, sondern eine Kette von Wahrnehmungen, die von einem Computer erzeugt werden.

Sowohl in Berkeleys Philosophie als auch in der Simulationstheorie spielt die Wahrnehmung eine wichtige Rolle bei der Konstituierung der Realität. Berkeleys Idealismus behauptet, dass Dinge nur insoweit existieren, als sie wahrgenommen werden, und die Simulationstheorie argumentiert, dass unsere Sinneserfahrungen keine Interaktionen mit einer Außenwelt, sondern Interaktionen mit einer simulierten Umgebung sind . Beide Perspektiven legen nahe, dass die Realität kein unabhängiges Wesen ist, sondern vielmehr tief mit den Wahrnehmungen bewusster Wesen verflochten ist.

Für Berkeley hängt das Leben von Objekten von der Wahrnehmung dieser Objekte ab. Wenn wir aufhören, ein Objekt wahrzunehmen, hört es auf zu existieren. In einer Simulation findet diese Idee ein bemerkenswertes Echo: Wenn wir uns auf Biegen und Brechen von der Simulation trennen oder aufhören würden, die simulierte Welt wahrzunehmen, würden auch die Objekte darin aufhören zu existieren. Das gesamte Universum in einer Simulation ist nichts weiter als eine Kette von Datenpunkten und sensorischen Eingaben, die vom Computersystem erstellt und aufrechterhalten wird. Auf diese Weise untergraben sowohl Berkeleys Idealismus als auch seine Simulationstheorie die Vorstellung einer gedankenunabhängigen materiellen Welt.

Berkeleys Idealismus endet mit einer interessanten Frage: Welche Funktion hat der Geist bei der Entwicklung der Realität? Für Berkeley ist der Geist – insbesondere der Geist Gottes – der letzte Wahrnehmende, der das Leben der Welt aufrechterhält. Im Kontext der Simulationstheorie wird die Rolle des Geistes jedoch auf die Schöpfer der Simulation übertragen. In diesem Beispiel erlebt der bewusste Geist (ob menschlich oder künstlich) eine Realität, die von einer externen Quelle entworfen, erzeugt und gesteuert wird.

Dies wirft interessante Fragen zur Natur des Bewusstseins und seiner Beziehung zur Realität auf. In Berkeleys Idealismus ist das Bewusstsein die Quelle aller Wahrheit, da die Welt nur existiert, wenn sie von Geistern wahrgenommen wird. In einer Simulation nimmt das Bewusstsein – ob menschlich oder künstlich – die Welt innerhalb der Grenzen der Simulation wahr, aber diese Wahrnehmung wird von einem externen Computersystem erzeugt. Das Bewusstsein ist immer noch entscheidend für die

Entwicklung der Realität, aber seine Wahrnehmungen werden durch die Simulation vermittelt, so sehr Berkeleys Geist auf dem Göttlichen basiert, um die Realität der Welt zu bewahren.

Einer von Berkeleys wichtigsten Beiträgen zur Philosophie war seine Arbeit zum Konzept der materiellen Substanz. Berkeley zufolge existieren materielle Substanzen – Dinge, die unabhängig vom Geist existieren – nicht. Alles, was existiert, sind Gedanken im Geist, und diese Gedanken werden von Gott aufrechterhalten. In ähnlicher Weise besagt die Simulationstheorie, dass die physische Welt, wie wir sie wahrnehmen, eine Illusion ist. Die Gegenstände, die wir sehen, berühren und mit denen wir interagieren, existieren möglicherweise nicht im materiellen Sinne, sondern sind vielmehr das Ergebnis einer Simulation, die die Illusion einer materiellen Welt erzeugen soll.

Wenn die Welt eine Simulation ist, dann sind, wie Berkeley dachte, die Objekte, die wir kennen, in der normalen Erfahrung nicht „real". Der Stuhl, auf dem Sie sitzen, der Boden unter Ihren Füßen und der Himmel über Ihnen sind alle Teil der simulierten Umgebung, die Sie genießen. Diese Objekte haben vielleicht keine unabhängige Existenz, aber sie sind insofern real, als sie Teil der simulierten Realität sein können, die geschaffen wurde, um wahrgenommen zu werden. Dies spiegelt Berkeleys Ansicht wider, dass die physische Welt nichts weiter ist als eine Ansammlung von Wahrnehmungen, die durch einen Geist aufrechterhalten werden.

In Berkeleys Idealismus wird die Welt letztlich durch den Geist Gottes erhalten, der garantiert, dass die Welt auch dann weiter existiert, wenn die Menschen sie nicht wahrnehmen. In der Simulationstheorie wird die Welt durch die Rechenleistung der Schöpfer der Simulation erhalten, die dafür verantwortlich sind, die Welt zu erhalten und sicherzustellen, dass sie weiterhin als kohärentes, interaktives System funktioniert. So wie Berkeley glaubte, dass Gott der letzte Wahrnehmende und Erhalter der Welt ist, geht die Simulationstheorie davon aus, dass es einen Schöpfer oder eine Gruppe von Schöpfern gibt, die die Simulation, in der wir existieren, aufrechterhalten.

Diese Parallele zwischen Berkeleys Idealismus und der Simulationstheorie wirft faszinierende philosophische Fragen auf: über die Natur des Geistes, die Rolle des Glaubens bei der Entwicklung der Realität und die Möglichkeit eines Autors oder einer kontrollierenden Kraft hinter unserer Realität. Ob wir nun in einer Welt leben, die von göttlichem Glauben getragen wird, oder in einer Welt , die von hochentwickelter Technologie getragen wird, die Frage bleibt: Wenn Vertrauen nicht unabhängig vom Glauben existiert, was ist dann die Natur der Realität?

Der Idealismus von George Berkeley bietet eine ideenerschütternde Perspektive auf die Natur der Realität, die

die traditionelle materialistische Sichtweise in Frage stellt und stark mit den Fragen der Simulationstheorie übereinstimmt. Sowohl der Idealismus als auch die Simulationstheorie legen nahe, dass die Welt, die wir wahrnehmen, möglicherweise keine objektive, gedankenunabhängige Realität ist, sondern vielmehr eine Ansammlung von Wahrnehmungen, entweder im Kopf oder in einem simulierten System. Die Frage, was Realität ausmacht, lässt sich nicht leicht beantworten, aber Berkeleys Ideen helfen, die tiefgreifenden philosophischen Implikationen der Simulationstheorie zu beleuchten. Wenn Realität nicht in der Art und Weise existiert, wie wir sie traditionell verstehen, dann könnte die Realität selbst weitaus schwer fassbarer, komplexer und von Wahrnehmung abhängiger sein, als wir es uns je vorgestellt haben.

2.4 Bostroms Simulationsargument: Was ist real im Universum?

Einer der einflussreichsten Beiträge zur Diskussion der Simulationstheorie im 21. Jahrhundert stammte vom Logiker Nick Bostrom. Im Jahr 2003 lieferte Bostrom das inzwischen bekannte Simulationsargument, das besagt, dass es plausibel – oder sogar wahrscheinlich – ist, dass unsere gesamte Realität eine computergenerierte Simulation ist, die von einer höher entwickelten Zivilisation geschaffen wurde. Bostroms Argument hat sich zu einem relevanten Diskussionspunkt sowohl in der Philosophie als auch in der Science-Fiction entwickelt, wobei viele darüber grübeln, ob wir in einer Simulation leben oder ob unsere Wahrnehmungen des Universums eine tatsächliche, „reale" Welt widerspiegeln.

Bostroms Simulationsargument basiert auf einer Kette von Wahrscheinlichkeitsaussagen, die auf der Idee beruhen, dass mindestens eine von drei Aussagen wahr sein muss:

1. Die menschliche Spezies wird aussterben, bevor sie ein posthumanes Stadium erreicht: Dieser Vorschlag zeigt, dass die Menschheit ihre technologischen Fähigkeiten in keiner Weise erweitern wird, um sinnvolle, groß angelegte Simulationen des Bewusstseins zu erstellen. Es kann eine technologische Barriere oder ein existenzielles Risiko geben, das uns daran hindert, dieses fortgeschrittene Reich zu erreichen, was bedeutet, dass simulierte Realitäten auf keinen Fall entstehen könnten.

2. Eine posthumane Zivilisation würde wahrscheinlich kein realistisches Bewusstsein simulieren: Diese Möglichkeit geht davon aus, dass die Menschheit, obwohl sie ein posthumanes Reich mit der Fähigkeit erreicht, Bewusstsein zu simulieren, sich dafür entscheiden könnte, diese Simulationen nicht zu erstellen. Die Gründe dafür können moralischer oder philosophischer Natur sein oder mit den Gefahren zusammenhängen, die mit der Schaffung großer, bewusster Einheiten innerhalb von Simulationen verbunden sind.

3. Wir leben mit ziemlicher Sicherheit in einer Simulation: Der 0,33-Vorschlag ist der umstrittenste und hat die meisten Debatten ausgelöst. Laut Bostrom müsste die Anzahl der simulierten Realitäten die der „echten" Realitäten massiv übersteigen, wenn die ersten beiden Vorschläge falsch sind – was bedeutet, dass hochentwickelte Zivilisationen die Zeit zur Simulation von Aufmerksamkeit tatsächlich erweitern und sich dafür entscheiden. In diesem Fall steigt die Wahrscheinlichkeit, dass Menschen in einer Simulation leben, dramatisch an. Wenn es Milliarden simulierter Welten und nur eine kleine Anzahl „echter" Welten gibt, ist es statistisch gesehen wahrscheinlicher, dass wir in einer simulierten Realität leben.

Bostroms Argumentation basiert auf der Idee, dass eine technologisch überlegene Zivilisation, wenn sie in der Lage wäre, Bewusstsein zu simulieren, in der Lage wäre, Simulationen zu entwickeln, die so realistisch sind, dass die simulierten Wesen in ihnen die Simulation nicht mehr von der „Realität" unterscheiden könnten. Angesichts dessen müsste die Anzahl der Simulationen die der realen Welten übersteigen, und die Wahrscheinlichkeit, in einer Simulation zu leben, wäre sehr hoch.

Der Kern von Bostroms Argumentation liegt im statistischen Denken. Wenn zukünftige Zivilisationen in der Lage sind, Simulationen des Bewusstseins zu schaffen, und falls sie sich dazu entschließen, könnte die Anzahl simulierter bewusster Wesen die Anzahl realer Menschen bei weitem übertreffen. In einem hypothetischen Schicksal mit einer nahezu unbegrenzten Anzahl von Simulationen könnte die Anzahl simulierter Realitäten die Anzahl realer, physischer Realitäten übersteigen.

Um diese Idee zu veranschaulichen, verwendet Bostrom einen probabilistischen Ansatz: Wenn wir in einer Welt leben, in der posthumane Zivilisationen das Potenzial haben, bewusste Wesen zu simulieren, dann würde die schiere Menge der simulierten Entitäten es überwältigend wahrscheinlich machen, dass wir eines davon sind. Das Argument beruht auf der Überzeugung, dass eine posthumane Zivilisation, wenn genügend Zeit bleibt, überaus motiviert sein könnte, mehrere Simulationen zu erstellen, vielleicht für medizinische, historische oder Freizeitzwecke. Je mehr Simulationen es gibt, desto statistisch wahrscheinlicher wird es, dass wir in einer solchen leben.

Dieses Theorieexperiment führt ein spannendes Paradoxon ein: Wenn wir in einer Simulation leben, was ist dann die Natur der „Realität", von der wir glauben, dass sie real ist? Unsere Erfahrungen, Interaktionen und Wahrnehmungen wären für uns genauso real wie die Berichte einer Person in einer „echten" Welt. Aus kosmischer Sicht können wir jedoch nicht realer sein als die Charaktere in einem Computerspiel.

Bostroms Simulationsargument wirft tiefgreifende Fragen über die Natur der Realität selbst auf. Wenn wir annehmen, dass wir in einer Simulation leben, stellt dies unsere Erfahrung des Lebens in Frage. Was bedeutet es, in einem Universum „real" zu sein, das möglicherweise nicht in der Weise „real" ist, wie wir es traditionell verstehen? Ist die Realität das Ergebnis einer physischen, unabhängigen Welt oder ist sie eine von einer höheren Intelligenz erschaffene Konstruktion?

Diese Fragen führen zu einer Neubewertung unserer grundlegenden Annahmen über das Leben. Wenn wir uns in einer Simulation befinden, muss unsere Wahrnehmung der physischen Welt – der Sonne, der Sterne, der Erde – möglicherweise allesamt erfunden sein, um eine zusammenhängende Erzählung für die Bewohner der Simulation zu schaffen. Die scheinbar materiellen Objekte, die Gesetze der Physik und der Lauf der Zeit sind möglicherweise nicht mehr als Illusionen, die von einem Computersystem erzeugt werden. In diesem Szenario liegt die „echte" Welt möglicherweise außerhalb der Simulation, aber es ist unmöglich, direkt auf sie zuzugreifen oder sie zu erkennen.

In diesem Licht betrachtet wird die Frage, ob wir in einer Simulation leben, nun nicht nur zu einer philosophischen Neugier, sondern zu einer tiefgreifenden Aufgabe für unsere Theorie der Realität. Sie zwingt uns, neu darüber

Fevzi H.

nachzudenken, was „die reale Welt" ausmacht und ob etwas als absolut real bezeichnet werden kann, wenn es vollständig innerhalb einer Simulation existiert.

Bostroms Argumentation befasst sich auch mit den technologischen und ethischen Fragen rund um die Schaffung von Simulationen. Wenn hochentwickelte Zivilisationen die Fähigkeit haben, Bewusstsein zu simulieren, müssen sie das dann tun? Welche ethische Verantwortung könnten solche Zivilisationen gegenüber den simulierten Wesen haben, die sie erfinden? Diese Fragen sind nicht nur theoretischer Natur; sie laden uns ein, über die ethischen Implikationen der Schaffung von Simulationen bewusster Wesen und die möglichen Folgen für die Schöpfer und die Geschöpfe nachzudenken.

Wenn Simulationen mit bewussten Wesen erstellt werden, die Schmerz, Freude oder Leid erleben, drängt sich das ethische Dilemma auf: Sollten die Schöpfer dieser Simulationen für das Wohlergehen ihrer simulierten Bevölkerung verantwortlich sein? Sollten die simulierten Wesen Rechte haben oder ist ihr Leben für die Schöpfer der Simulation nur ein Mittel zum Zweck? Diese ethischen Fragen verdeutlichen die potenziellen ethischen Auswirkungen fortschrittlicher Technologien, insbesondere im Hinblick auf künstliches Bewusstsein und die Schaffung simulierter Realitäten.

Bostroms Simulationsargument bringt auch das philosophische Problem des Solipsismus in den Vordergrund –

den Glauben, dass nur der eigene Verstand und die eigenen Wahrnehmungen existieren. Wenn wir in einer Simulation leben, können wir auch die Existenz von allem außerhalb unserer wahrgenommenen Realität in Frage stellen. Sind die Menschen um uns herum real oder sind sie tatsächlich Programme, die innerhalb der Simulation laufen? Gibt es eine „echte" Welt außerhalb der Simulation, und wenn ja, wie können wir jemals Zugang zu ihr erhalten oder etwas darüber erfahren?

Das Simulationsargument bringt in dieser Hinsicht den Solipsismus in die Welt der Technologie und der Produktion und stellt die Frage, ob die Welt, die wir erleben, praktisch unabhängig von unserem Verstand ist oder ob sie nur ein Konstrukt innerhalb einer großen und komplexen Simulation ist. In vielerlei Hinsicht verstärkt das Simulationsargument die solipsistischen Bedenken, die Berkeleys Idealismus aufwirft, da beide Perspektiven nahelegen, dass das, was wir als Realität wahrnehmen, weitaus unsicherer sein könnte, als wir es uns jemals vorgestellt haben.

Nick Bostroms Simulationsargument hat die zeitgenössischen philosophischen und wissenschaftlichen Diskussionen über die Natur der Realität tiefgreifend beeinflusst. Es präsentiert überzeugende Argumente dafür, dass angesichts der Fähigkeit hochentwickelter Zivilisationen, Simulationen zu erstellen, die Wahrscheinlichkeit, in einer simulierten Realität zu leben, viel höher sein könnte, als wir denken. Das Argument stellt unsere grundlegendsten Annahmen über das Universum in Frage und lädt uns ein, die Natur des Lebens und unseren Platz im Kosmos zu überdenken.

Indem wir die Konsequenzen von Bostroms Argument untersuchen, gelangen wir zu einem tieferen Verständnis dessen, was es bedeutet, in einem Universum „real" zu sein, das möglicherweise nicht so ist, wie wir es wahrnehmen. Das Simulationsargument stellt nicht nur unsere Sichtweisen auf Physik, Technologie und Ethik in Frage – es zwingt uns, uns mit der Natur der Realität selbst auseinanderzusetzen. Wenn wir tatsächlich in einer Simulation leben, was ist dann real? Und was noch wichtiger ist: Was bedeutet es überhaupt, real zu sein?

2.5 Die historische Entwicklung des Simulationskonzepts

Die Vorstellung, dass die Realität nicht das ist, was sie zu sein scheint, und dass unsere Wahrnehmungen von einer externen Kraft inspiriert oder sogar konstruiert werden können, hat eine lange und faszinierende Geschichte. Das Konzept der Simulation, wie wir es heute verstehen, hat sich im Laufe der Jahrhunderte weiterentwickelt und wurde durch philosophische, medizinische und technologische Fortschritte geprägt. Die Reise von antiken metaphysischen Überlegungen zu modernen technologischen Theorien über simulierte Realitäten sagt viel über die fortwährende Suche der Menschheit nach dem Verständnis der Natur des Lebens und unseres Platzes im Universum aus.

Die frühesten philosophischen Überlegungen zur Simulation lassen sich auf antike Denker zurückführen, die sich mit der Natur von Vorstellung und Realität auseinandersetzten. Die Idee, dass die Welt, die wir erleben, eine Illusion oder eine unbedeutende Projektion sein könnte, wurde von Platon in seinem Höhlengleichnis (um 380 v. Chr.) berühmt gemacht. In diesem Gleichnis beschreibt Platon Gefangene, die in einer Höhle angekettet sind und nur Schatten sehen können, die durch Gegenstände hinter ihnen an die Wand geworfen werden. Diese Gefangenen verwechseln die Schatten mit der Realität, weil sie die Gegenstände selbst nie gesehen haben. Dieses Gleichnis hebt die Möglichkeit hervor, dass das, was wir als Realität wahrnehmen, nur ein schwaches, verzerrtes Spiegelbild einer tieferen Realität sein könnte, ein Thema, das im Laufe der Jahrhunderte nachhallen könnte, während sich die Diskussionen über Illusion und Realität ausbreiteten .

Das Konzept der Illusion und der Charakter der Wahrheit wurden in ähnlicher Weise von späteren Philosophen untersucht, darunter Descartes, dessen Meditationen über die Erste Philosophie (1641) die Idee des radikalen Zweifels einführten. Descartes zweifelte bekanntlich an der

Wahrhaftigkeit aller Dinge, sogar seines eigenen Lebens, da er glaubte, er könnte unter dem Einfluss eines trügerischen Dämons stehen – eines äußeren Drucks, der seine Wahrnehmungen kontrolliert. Obwohl Descartes dies nicht ausdrücklich als „Simulation" bezeichnete, legten seine philosophischen Überlegungen den Grundstein für spätere Gedanken, die Täuschung und die Entwicklung von Fakten mit technologischen und metaphysischen Konstrukten verknüpften.

Mit dem Fortschritt des medizinischen Denkens entwickelte sich auch die Erforschung der Verbindung zwischen Realität und Wahrnehmung. Im 17. und 18. Jahrhundert führte die Entwicklung des Empirismus und Rationalismus zu neuen Ansätzen des Verstehens der Sinne und der Rolle des Denkens bei der Gestaltung unserer Erfahrung der Welt. Denker wie John Locke, George Berkeley und Immanuel Kant befassten sich mit der Natur von Wahrheit und Wahrnehmung und beeinflussten damit letztlich den Diskurs, der die Simulationstheorie umgab.

Berkeley beispielsweise vertrat bekanntlich den Idealismus – die Überzeugung, dass materielle Objekte nicht unabhängig vom Geist existieren. In seinem Werk A Treatise Concerning the Principles of Human Knowledge (1710) schlug er vor, dass die Realität vollständig durch Glauben aufgebaut wird und dass jedes Leben vom Geist Gottes abhängt. Obwohl

Geist und Simulation

Berkeley seine Gedanken nicht in Bezug auf Simulation formulierte, stimmt sein Argument, dass die äußere Welt vom Glauben abhängt, mit späteren Vorstellungen von der Realität als Konstrukt überein und nimmt zeitgenössische Konzepte simulierter oder virtueller Realitäten vorweg.

Immanuel Kant präsentierte in seiner Kritik der reinen Vernunft (1781) eine differenziertere Perspektive, indem er postulierte, dass Menschen die Welt nicht so wahrnehmen können, wie sie wirklich ist, nur wie sie uns durch die Linse unserer Sinneswahrnehmungen und geistigen Kategorien erscheint. Kants Werk wirft Fragen über die Grenzen der menschlichen Wahrnehmung auf und deutet an, dass wir niemals Zugang zum „Ding an sich" (der wahren Natur der Wahrheit) erhalten können und dass unsere Berichte ständig durch die Strukturen des Geistes vermittelt werden. Dies wirft die Möglichkeit auf, dass unsere Berichte und damit unser Wissen über die Realität von Natur aus begrenzt und möglicherweise durch externe Kräfte manipuliert sein könnten – ein Thema, das für das Konzept der Simulationen relevant ist.

Das 20. Jahrhundert war Zeuge eines rasanten technologischen Fortschritts und mit ihm begannen neue Diskussionen über die Natur der Realität Gestalt anzunehmen. Die Entwicklung von Computern, virtueller Realität und Kybernetik eröffnete die Möglichkeit, dass die Realität künstlich durch Maschinen konstruiert oder manipuliert werden kann. In der Mitte des 20. Jahrhunderts erforschten Denker wie Norbert Wiener, der Begründer der Kybernetik, das Konzept von Kontrollstrukturen und Kommentarschleifen in biologischen und mechanischen Strukturen. Diese Ideen beeinflussten später Diskussionen über künstliche Intelligenz und Simulationen und legten nahe, dass Maschinen eines Tages die Realität und die Realität selbst simulieren könnten.

Im Bereich der Science-Fiction wurde das Konzept simulierter Realitäten im späten 20. Jahrhundert zu einem wichtigen Thema. Werke wie „Matrix" (1999) und „Neuromancer" (1984) brachten das Konzept simulierter Welten in den Vordergrund der Populärkultur. Diese Geschichten zeigten Charaktere, die in simulierten Umgebungen lebten, die von der „echten" Realität nicht zu unterscheiden waren, und warfen Fragen über die Natur des Bewusstseins, der Freiheit und der Kontrolle durch mächtige Entitäten auf. Die Idee, dass Simulationen so weit fortgeschritten sein könnten, dass sie nicht von der realen Realität zu unterscheiden wären, beflügelte die Fantasie sowohl der Öffentlichkeit als auch der Philosophen.

Das Konzept der Simulationstheorie, wie wir es heute kennen, verdankt sich in hohem Maße der Arbeit des Philosophen Nick Bostrom, der 2003 das Simulationsargument formulierte, das besagt, dass es plausibel – oder vielleicht sogar wahrscheinlich – ist, dass wir in einer simulierten Realität leben, die von einer fortschrittlichen Zivilisation geschaffen wurde. Aufbauend auf der Arbeit früherer Philosophen führte Bostrom die Theorie „posthumaner Zivilisationen" ein, die in der Lage sind, umfassende, einzigartige Simulationen bewusster Wesen zu durchlaufen. Sein Argument bietet eine statistische Zuordnung unserer Wahrnehmung der Realität und legt nahe, dass es, wenn fortschrittliche Zivilisationen solche Simulationen schaffen, viel wahrscheinlicher ist, dass wir in einer solchen leben als in einer „realen" Welt.

Bostroms Arbeiten brachten philosophische Fragen zu Realität, Wahrnehmung und der Natur der Wahrnehmung mit modernsten technologischen Trends zusammen und schufen so einen neuen Rahmen für die Theorie der Simulation von Fähigkeiten. Sein Simulationsargument hob die Diskussion über philosophische Überlegungen hinaus und führte die Möglichkeit ein, dass moderne Technologien bald in der Lage sein könnten, Simulationen zu erstellen, die so modern sind, dass sie von der tatsächlichen, physischen Realität nicht mehr zu unterscheiden sind.

Im 21. Jahrhundert haben Fortschritte in der virtuellen Realität (VR), der künstlichen Intelligenz (KI) und dem Quantencomputing den Diskurs um die Simulationstheorie weiter vorangetrieben. Mit der Weiterentwicklung der Technologie wird die Idee, Simulationen zu erstellen, die menschliche Erfahrungen sehr genau ähneln oder sogar nachbilden, immer realistischer. Virtuelle Welten sowie die in VR-Umgebungen erstellten Welten werden immer realistischer und ermöglichen die Einführung ganzer Welten, die die physische Welt nachahmen , komplett mit künstlichen Intelligenzen, die auf immer ausgefeiltere Weise mit menschlichen Benutzern interagieren.

Mit der weiteren Verbreitung dieser Technologien verschwimmen die Grenzen zwischen dem, was „real" und dem, was „simuliert" ist, immer mehr. So hat die virtuelle Realität bereits Berichte erstellt, die immersiv und überzeugend genug sind, um die Sinne zu täuschen. KI-Systeme beginnen inzwischen, menschenähnliches Verhalten zu simulieren, was zu Fragen über die Natur des Bewusstseins und die Fähigkeit von Maschinen führt, sich ihrer selbst bewusst zu werden. Diese Entwicklungen legen nahe, dass das Schicksal der Simulationstechnologie unser Verständnis davon, was Realität ausmacht, erheblich verändern sollte.

Das Konzept der Simulation hat sich von alten philosophischen Fragen zu Wahrnehmung und Realität zu einer komplexen modernen Theorie entwickelt, die Philosophie, Wissenschaft und Technologie miteinander verbindet. Von Platons Höhlengleichnis bis zu Bostroms Simulationsargument war die Idee, dass unsere Realität eine Illusion oder eine konstruierte Simulation sein könnte, im

Laufe der Geschichte eine der größten Herausforderungen für Denker. Mit dem schnellen Fortschritt der Technologie ist die Frage, ob wir in einer Simulation leben, heute nicht nur eine philosophische Frage, sondern eine praktische Frage, die sich mit den Bereichen Computertechnologie, künstliche Intelligenz und Neurowissenschaft überschneidet.

Während wir die Grenzen der Technologie immer weiter verschieben, wird sich das Konzept simulierter Realitäten wahrscheinlich weiterentwickeln, unser Verständnis davon, was „real" bedeutet, infrage stellen und uns zwingen, uns mit tiefgreifenden Fragen zu Existenz, Bewusstsein und der Natur des Universums selbst auseinanderzusetzen. Die historische Entwicklung der Simulationstheorie, von der antiken Philosophie bis zur modernen Technologie, veranschaulicht die anhaltende Faszination der Menschheit für die Natur der Realität und unseren Platz darin.

KAPITEL 3

Quantenphysik und die Natur der Realität

3.1 Quantenmechanik: Ist die Realität fest oder besteht sie aus Wahrscheinlichkeiten?

Die Natur der Realität war im Laufe der Menschheitsgeschichte eine zentrale Frage, die sowohl Philosophen als auch Wissenschaftler anzog. Die klassische Physik geht davon aus, dass das Universum nach deterministischen und genau definierten Gesetzen funktioniert, während die Quantenmechanik eine Wahrheit feststellte, die unsicher, probabilistisch und durch Kommentare angeregt ist. Das Aufkommen der Quantenmechanik revolutionierte unser Verständnis der grundlegenden Struktur des Universums, warf aber auch tiefgreifende wissenschaftliche und philosophische Fragen über die Natur der Realität selbst auf.

Die Quantenmechanik wurde im frühen 20. Jahrhundert entwickelt, um eine Erklärung für natürliche Phänomene zu liefern, die die klassische Physik nicht beschreiben konnte. Max Plancks Arbeit über die Strahlung schwarzer Körper und seine Theorie, dass Energie in diskreten Paketen (Quanten) emittiert wird, legten den Grundstein für die Quantentheorie. 1905 stellte Albert Einstein mit seiner Erklärung des Photoeffekts fest, dass sich Licht nicht nur als Welle, sondern auch als Teilchen (Photon) verhalten kann.

Diese Entdeckungen führten zu einer deutlich neuen Sichtweise auf die Funktionsweise der Realität auf kleinsten Skalen und ersetzten den Determinismus der klassischen Physik durch Unsicherheit und Zufall. Während die Newtonsche Physik empfahl, dass das Universum bestimmten, vorhersagbaren Gesetzen folgte, führte die Quantenmechanik die Vorstellung ein, dass die Tatsache selbst im Wesentlichen probabilistisch ist.

Einer der ersten Hinweise darauf, dass diese Tatsache nicht so stabil ist, wie sie scheint, ergibt sich aus der Welle-Teilchen-Dualität von Anzahl und Stärke. Louis de Broglies Theorie führte die Idee ein, dass Teilchen, die aus Elektronen bestehen, sowohl wellenartiges als auch partikelartiges Verhalten aufweisen können.

Experimente haben gezeigt, dass Elektronen in mehreren Zuständen existieren können. Sie verhalten sich in Abwesenheit wie Wellen und bei Messung wie Teilchen. Dieses Phänomen stellt unser traditionelles Verständnis der Realität sofort in Frage: Wenn ein Objekt sowohl eine Welle als auch ein Teilchen sein kann, wie kann seine Position dann absolut definiert werden?

Der bekannteste Beweis für den Welle-Teilchen-Dualismus ist der Doppelspalttest. Wenn Elektronen oder Photonen auf eine Barriere mit zwei Spalten geschossen werden, erzeugen sie ein Interferenzmuster und verhalten sich wie Wellen. Wenn wir jedoch versuchen zu untersuchen, durch welchen Spalt sie hindurchgehen, verschwindet das Interferenzmuster und die Teilchen verhalten sich, als ob sie nur durch einen Spalt hindurchgegangen wären.

Dieses Experiment legt nahe, dass die Behauptung selbst die physikalische Wahrheit verändert. Statt einer festen und objektiven Realität scheint die Quantenwelt durch Dimension und Wechselwirkung geformt zu sein, was die Vorstellung verstärkt, dass die Wahrheit nicht immer absolut, sondern probabilistisch ist.

Werner Heisenberg fügte 1927 das Unschärfeprinzip hinzu, eines der zentralen Prinzipien der Quantenmechanik. Nach diesem Prinzip ist es unmöglich, sowohl Ort als auch Impuls eines Teilchens gleichzeitig genau zu bestimmen. Je genauer man das eine kennt, desto unsicherer wird das andere.

Dieses Prinzip impliziert, dass die grundlegende Natur des Universums nicht konstant und vorherbestimmt, sondern von Natur aus ungewiss ist. Im Gegensatz zur klassischen Physik, die Objekte mit einzigartigen Abmessungen beschreibt, beschreibt die Quantenmechanik die Realität in Form von Zufallszahlen.

Heisenbergs Unschärferelation ist nicht nur ein theoretisches Konzept, sondern ein grundlegender Bestandteil der Natur. Anstatt einem Elektron eine bestimmte Position zuzuweisen, bietet die Quantenmechanik eine Zufallsverteilung, die beschreibt, wo sich das Elektron befinden könnte. Dies stellt die Vorstellung von der Realität als starrer Form in Frage und stellt sie stattdessen als schwankende und probabilistische Größe dar.

Ein weiteres Schlüsselkonzept der Quantenmechanik ist die Superposition, bei der ein Teilchen in mehreren Zuständen gleichzeitig existiert, bis es gemessen wird. Ein Elektron kann sich beispielsweise gleichzeitig in mehreren unterschiedlichen Umlaufbahnen befinden, aber wenn es gemessen wird, „kollabiert" es in einen einzigen Zustand.

Dies stellt unser Verständnis physikalischer Realität in Frage, da es nahelegt, dass ein Objekt vor der Dimension als zufällige Welle und nicht als konkrete Entität existiert. Der Akt der Beobachtung zwingt es in einen einzelnen, gut beschriebenen Zustand.

Dieses Phänomen wird durch das Schrödinger-Katzen-Paradoxon veranschaulicht, bei dem eine Katze in einer geschlossenen Kiste aufgrund von Quantenüberlagerung gleichzeitig lebendig und tot ist. Sobald die Kiste jedoch geöffnet wird, befindet sich die Katze nur in einer einzigen bestimmten Position – entweder lebendig oder tot. Dieses Paradoxon zeigt, wie sich Aussagen auf die Realität auswirken und Quantenwahrscheinlichkeiten zu einem einzigen Ergebnis zwingen.

Das von der Quantenmechanik beschriebene Realitätsmodell unterscheidet sich wesentlich von dem der klassischen Physik. Während die Newtonsche Physik ein Universum darstellt, das durch strenge Motiv-Wirkungs-Beziehungen regiert wird, geht die Quantenmechanik davon aus, dass die Wahrheit durch Möglichkeit und Aussage geformt wird.

Schlüsselkonzepte der Quantenmechanik legen nahe, dass:

• Die Realität ist nicht absolut, sondern wird durch Kommentare und Größen bestimmt.

• Partikel haben keine bestimmten Eigenschaften, bis sie gemessen werden; sie existieren als Gelegenheitsverteilungen.

• Die Welle-Teilchen-Dualität zeigt, dass die Wahrheit sowohl kontinuierliche (Welle) als auch diskrete (Teilchen) Eigenschaften hat.

• Das Unsicherheitsprinzip zeigt, dass es inhärente Grenzen dessen gibt, was über die physische Welt betrachtet werden kann .

Dies wirft die Frage auf: Wenn die Realität durch Kommentare inspiriert wird, bedeutet dies dann, dass das Bewusstsein eine aktive Rolle bei der Gestaltung des Universums spielt? Wenn die grundlegende Natur des Universums probabilistisch ist, dann ist die Realität selbst keine unabhängige, objektive Struktur, sondern vielmehr eine

Maschine im Fluss, die ständig mit Dimension und Wahrnehmung interagiert.

Die Quantenmechanik bietet keine definitive Antwort darauf, ob die Realität stabil oder probabilistisch ist, aber sie hat unser Verständnis des Universums grundlegend verändert. Während die klassische Physik die Realität als deterministisch und abhängig betrachtet, zeigt die Quantenmechanik, dass die Realität dynamisch und durch Zufall geprägt ist.

Vielleicht ist die Realität kein starrer Rahmen, sondern ein sich entwickelndes Zusammenspiel von Möglichkeiten und Beobachtung. Die grundlegende Natur des Universums ist möglicherweise nicht festgelegt, sondern existiert als schwankende Welle von Möglichkeiten, die erst dann in die Realität einbricht, wenn sie entdeckt wird. Die wunderbare Natur der Quantenmechanik formt unser Verständnis der Realität immer wieder neu und stellt unsere innersten Annahmen über die Natur des Lebens in Frage.

3.2 Das Doppelspaltexperiment: Welchen Einfluss hat die Beobachtung auf die Natur der Materie?

Das Doppelspaltexperiment ist eines der bekanntesten und rätselhaftesten Experimente der Quantenmechanik. Es demonstriert das seltsame und kontraintuitive Verhalten von Teilchen auf Quantenebene. Es stellt unser klassisches Wissen

Fevzi H.

über die Wahrheit in Frage, indem es zeigt, dass Kommentare selbst das Verhalten von Materie verändern können. Dieses Experiment hat tiefgreifende Auswirkungen auf die Natur von Teilchen, den Welle-Teilchen-Dualismus und die Rolle des Bewusstseins bei der Definition der Wahrheit.

Bevor wir uns mit dem Quantenmodell des Experiments befassen, sollten wir uns vor Augen führen, wie wir uns das Verhalten von Kraft und Energie auf der Grundlage der klassischen Physik vorstellen können. Wenn wir winzige Partikel (einschließlich Sandkörner) auf eine Barriere mit zwei Schlitzen schießen, sollten sie sich wie Kugeln verhalten und auf einem Bildschirm hinter den Schlitzen feine Bänder bilden , die den Spuren entsprechen, die durch jeden Schlitz gezogen werden.

Wenn wir stattdessen Wellen – wie Wasserwellen – verwenden, die durch die Schlitze laufen, stören sie sich gegenseitig und bilden ein Muster abwechselnd heller und dunkler Bänder, das als Interferenzmuster bezeichnet wird. Die hellen Bänder entsprechen der positiven Interferenz, bei der sich die Wellen gegenseitig verstärken, während die dunklen Bänder der negativen Interferenz entsprechen, bei der sich die Wellen gegenseitig aufheben.

In der klassischen Physik galten Anzahl und Stärke als relativ genau: Teilchen hatten exakte Positionen und bewegten sich auf geraden Bahnen, während Wellen ununterbrochen waren und sich gegenseitig beeinflussen konnten. Der Doppelspalttest enthüllte jedoch eine tiefe und beunruhigende Wahrheit: Quantenteilchen zeigen sowohl partikel- als auch wellenartiges Verhalten, je nachdem, ob sie gefunden werden konnten oder nicht.

In der Quantenversion des Experiments werden Elektronen oder Photonen nacheinander näher an eine Barriere mit Schlitzen geschossen , und ein Detektorbildschirm zeichnet ihre Wirkung auf. Die auf klassischer Intuition beruhende Erwartung wäre, dass jedes Elektron durch einen oder den anderen Schlitz geht und auf dem Bildschirm zwei Bänder bildet – genau wie winzige Kugeln.

Die tatsächlichen Ergebnisse widersprechen jedoch dieser Erwartung. Anstatt schöne Bänder zu bilden, erzeugen die Elektronen ein Interferenzmuster, als ob sie sich wie Wellen statt wie Teilchen verhalten würden. Dies deutet darauf hin, dass jedes Elektron auf irgendeine Weise „gleichzeitig durch beide Schlitze geht" und mit sich selbst interferiert, als ob es an mehreren Stellen gleichzeitig existieren würde.

Das wahre Rätsel entsteht, wenn Wissenschaftler versuchen, herauszufinden, durch welchen Spalt jedes Elektron geht. Dazu platzieren sie ein Messgerät an den Spalten, um den Weg des Elektrons zu untersuchen. Sobald die Elektronen entdeckt werden, ändert sich ihr Verhalten dramatisch: Das Interferenzmuster verschwindet und sie verhalten sich wie klassische Teilchen und bilden deutliche Bänder anstelle des wellenförmigen Interferenzmusters.

Dieses Endergebnis lässt darauf schließen, dass der bloße Akt der Bemerkung die Welleneigenschaft zum Kollabieren bringt und das Elektron dazu zwingt, sich wie ein Teilchen statt wie eine Welle zu verhalten. Dieses Phänomen ist einer der kompliziertesten Aspekte der Quantenmechanik und wirft tiefgreifende Fragen zum Charakter der Wahrheit und zur Rolle der Größe auf.

Das Doppelspaltexperiment ist eine direkte Demonstration des Welle-Teilchen-Dualismus, einer grundlegenden Idee der Quantenmechanik. Dieses Prinzip besagt, dass Teilchen wie Elektronen und Photonen sowohl teilchen- als auch wellenartige Eigenschaften aufweisen, je nachdem, wie sie gemessen werden.

• Wenn Trümmer nicht länger beobachtet werden, verhalten sie sich wie Wellen, die in einer Überlagerung aller möglichen Pfade auftreten.

• Bei Messung oder Beobachtung kollabiert die Wellencharakteristik und das Teilchen nimmt eine einzige präzise Funktion an.

Dies bedeutet, dass das Verhalten von Quantenteilchen nicht immer festgelegt ist, sondern davon abhängt, ob sie beobachtet werden oder nicht. Im Gegensatz zur klassischen Physik, in der Objekte unabhängig von ihrer Größe bestimmte

Eigenschaften haben, bedeutet die Quantenmechanik, dass die Position eines Teilchens ungewiss bleibt, bis es gemessen wird.

Eine der faszinierendsten philosophischen Implikationen des Doppelspaltexperiments ist der Beobachtereffekt – die Idee, dass Kommentare selbst die physikalische Wahrheit verändern. Die Tatsache, dass die Messung, durch welchen Spalt ein Teilchen geht, es dazu zwingt, sich wie ein klassisches Teilchen und nicht wie eine Welle zu verhalten, wirft grundlegende Fragen auf:

• Spielt Erkenntnis eine Rolle bei der Sachverhaltsbildung?

• Ist die Wahrheit unabhängig von Beobachtungen oder „verfestigt" sie sich erst, wenn sie gemessen wird?

• Was bedeutet dies über die Natur des Lebens?

Einige Interpretationen der Quantenmechanik, darunter die Kopenhagener Interpretation, legen nahe, dass die Realität undefiniert bleibt, bis sie entdeckt wird. Im Vergleich dazu argumentiert die Viele-Welten-Interpretation, dass alle möglichen Effekte in parallelen Universen auftreten, was bedeutet, dass die Wellenfunktion niemals kollabiert, sondern sich stattdessen in verschiedene Realitäten verzweigt.

Eine kontroversere Theorie, der sogenannte Quantenidealismus, geht davon aus, dass das Bewusstsein selbst eine grundlegende Kraft ist, die die Realität formt. Diese Theorie besagt, dass die Realität in einem bestimmten Land nicht existiert, bis sie wahrgenommen wird, was bedeutet, dass das Gehirn eine Rolle in der materiellen Welt spielt. Obwohl dies spekulativ bleibt, stellen die Ergebnisse des Doppelspalttests unser grundlegendes Verständnis des Lebens weiterhin in Frage.

Es wurden mehrere Variationen des Doppelspalttests durchgeführt, um seine Auswirkungen zu untersuchen. Ein besonders eindrucksvolles Modell ist der Zeitverzögerungstest, der vom Physiker John Wheeler vorgeschlagen wurde.

In dieser Version wird die Entscheidung, zu sehen, durch welchen Schlitz das Teilchen geht, getroffen, nachdem das Teilchen die Schlitze bereits passiert hat, aber bevor es auf den Detektorbildschirm trifft. Obwohl das Teilchen bereits einen Weg „ausgewählt" hat, bestimmt die Entscheidung, sich diesen Weg anzusehen, sein Verhalten im Nachhinein.

Dies deutet darauf hin, dass Quantenpartikel keine eindeutigen Eigenschaften haben, bis sie entdeckt werden, und dass in gewisser Weise sogar vergangene Ereignisse durch zukünftige Beobachtungen vorhergesagt werden können. Solche Ergebnisse verweisen auf die nichtlokale und zeitunabhängige Natur der Quantenmechanik, in der Ursache und Wirkung nicht auf die traditionelle Weise funktionieren, die wir in der klassischen Physik kennen.

Der Doppelspalttest und seine Variationen haben tiefgreifende Auswirkungen auf unser Verständnis von Tatsachen:

• Die Realität ist nicht unabhängig von Beobachtungen. Die Tatsache, dass die Messung eines Teilchens sein Verhalten verändert, zeigt, dass die Realität auf Quantenebene nicht absolut ist, sondern von Wechselwirkungen abhängt.

• Teilchen haben keine bestimmten Eigenschaften, bis sie gemessen werden. Die Quantenmechanik lehrt uns, dass Teilchen keine festen Zustände besitzen; vielmehr existieren sie als Wahrscheinlichkeiten, die bei der Stimulation in einen bestimmten Zustand kollabieren.

• Das Universum kann im Wesentlichen probabilistisch sein. Anstatt wie die klassische Mechanik von konstanten Gesetzen beherrscht zu werden, zeigt die Quantenmechanik, dass die Wahrheit mit Hilfe von Möglichkeiten und der Wirkung der Dimension geformt wird.

• Zeit und Kausalität funktionieren nicht so, wie wir denken. Der Test der Zeitpräferenz zeigt, dass unsere Beobachtungen möglicherweise Auswirkungen auf vergangene Ereignisse haben, was unsere traditionellen Vorstellungen von Ursache und Wirkung in Frage stellt.

Das Doppelspaltexperiment ist nach wie vor eine der verblüffendsten Demonstrationen der Quantenmechanik. Es zeigt, dass sich Teilchen wie Wellen verhalten, gleichzeitig in

Fevzi H.

mehreren Zuständen existieren und durch Beobachtung beeinflusst werden können. Es stellt unser klassisches Wissen über das Universum in Frage und zwingt uns, die Natur der Realität selbst zu überdenken.

Existieren Fakten unabhängig von Messungen oder werden sie hauptsächlich durch Kommentare geformt? Gelten im Universum deterministische Gesetze oder ist es auf dem Fundament des Zufalls aufgebaut? Diese Fragen bereiten Physikern und Philosophen gleichermaßen weiterhin Kopfzerbrechen.

Die Quantenmechanik hat nicht nur einige der genauesten Vorhersagen der Wissenschaft geliefert, sondern auch die tiefe Seltsamkeit unseres Universums entdeckt. Der Doppelspalttest ist ein Beweis für die mysteriöse und kontraintuitive Natur der Quantenwahrheit – eine Tatsache, bei der die Behauptung nicht nur ein passiver Akt ist, sondern eine aktive Kraft, die das Gewebe des Lebens selbst formt.

3.3 Quantenverschränkung: Ist die Realität miteinander verbunden?

Die Quantenverschränkung ist eines der mysteriösesten und paradoxsten Phänomene der Physik. Sie legt nahe , dass Teilchen unabhängig von ihrer Entfernung intrinsisch miteinander verbunden sein können und dass die Messung eines Teilchens unmittelbare Auswirkungen auf die Qualität des anderen hat, selbst wenn sie Lichtjahre voneinander entfernt sind . Diese Herausforderung stellt unser klassisches Wissen über Lokalität und Kausalität auf die Probe und wirft tiefgreifende Fragen über die Natur der Realität, den Informationsfluss und die grundlegende Form des Universums auf.

Verschränkung findet statt, wenn zwei oder mehr Teilchen so interagieren, dass ihre Quantenzustände voneinander abhängig werden. Einmal verschränkt, bleiben die Teilchen korreliert, egal wie weit sie voneinander entfernt sind. Das bedeutet, dass die Messung des Zustands eines Teilchens – einschließlich seines Spins oder seiner Polarisation – sofort den Zustand des anderen bestimmt, selbst wenn sie durch eine Entfernung von einer ganzen Länge voneinander getrennt sind.

Dieses Verhalten widerspricht der klassischen Physik, in der Geräte unabhängige Bereiche haben sollten, die nicht durch Fernmessungen beeinträchtigt werden. Das Phänomen wurde von Albert Einstein bekanntlich als „spukhafte Fernbewegung" definiert, da es das Prinzip zu verletzen scheint, dass sich keine Daten schneller als mit Lichtgeschwindigkeit fortbewegen können.

1935 schlugen Albert Einstein, Boris Podolsky und Nathan Rosen einen Theorietest vor – heute EPR-Paradoxon genannt –, um die Vollständigkeit der Quantenmechanik zu prüfen. Sie argumentierten, wenn die Quantenmechanik richtig

Fevzi H.

wäre, dann könnte die Messung des Zustands eines verschränkten Teilchens unmittelbar den Zustand des anderen beeinflussen, auch wenn sie Lichtjahre voneinander entfernt sind.

Dies schien nach der klassischen Physik, die besagt, dass Signale sich nicht schneller als mit Lichtgeschwindigkeit fortbewegen können, unmöglich. Das EPR-Team kam zu dem Schluss, dass entweder:

1. Die Quantenmechanik ist unvollständig und es gibt verborgene Variablen, die die Partikelresidenzen vor der Größe bestimmen.

2. Die Realität wird im Wesentlichen nichtlokal, was bedeutet, dass Fakten sofort über den Raum übertragen werden können.

Lange Zeit debattierten Physiker darüber, ob die Quantenmechanik verborgene Variablen benötigt, um die Verschränkung zu erklären, oder ob die Wahrheit selbst auf eine Art und Weise vernetzt ist, die die klassische Physik nicht beschreiben kann.

Im Jahr 1964 formulierte der Physiker John Bell eine mathematische Ungleichung – heute als Bellscher Satz bekannt –, die experimentell untersucht werden konnte, um festzustellen, ob verborgene Variablen existierten oder ob die Quantenmechanik in Wirklichkeit die Realität definierte.

Der Bellsche Satz besagt, dass Korrelationen zwischen verschränkten Teilchen bestimmten statistischen Grenzen unterliegen würden, wenn Teilchen einen vorbestimmten Aufenthaltsort hätten (wie in der klassischen Physik). Die Quantenmechanik sagt jedoch Korrelationen voraus, die diese Grenzen überschreiten, was die Existenz nichtlokaler Effekte impliziert.

In den folgenden Jahren wurden Experimente durchgeführt, um Bells Theorem zu testen, vor allem von Alain Point in den 1980er Jahren. Diese Experimente zeigten, dass Quantenverschränkungskorrelationen die Bellsche Ungleichung verletzten, was bedeutet, dass:

• Kein Konzept verborgener Variablen in der Nachbarschaft sollte eine Erklärung für die Quantenverschränkung liefern.

• Verschränkte Teilchen haben vor der Messung keinen vordefinierten Zustand mehr.

• Die Quantenmechanik ist von Natur aus nichtlokal, was eine unmittelbare Verbindung zwischen verschränkten Teilchen impliziert.

Diese Ergebnisse lieferten starke experimentelle Beweise dafür, dass Verschränkung eine tatsächliche und grundlegende Eigenschaft der Natur ist und nicht bloß eine theoretische Kuriosität.

Fevzi H.

Verschränkung kann bei zahlreichen Quantenzuständen auftreten, darunter:

• Spin: Ein Elektron kann einen Spin nach oben oder unten haben. Wenn Elektronen verschränkt sind, bestimmt die Messung des Spins eines Elektrons den Spin des anderen.

• Polarisation: Bei Photonen kann die Polarisation (die Richtung der Lichtwellenschwingung) verschränkt sein, was bedeutet, dass die Messung der Polarisation eines Photons die des anderen direkt bestimmt.

Wenn zwei Teilchen miteinander verschränkt sind, werden ihre Wellenfunktionen zu einem einzigen Quantenzustand verbunden. Die Wellenfunktion bleibt in Überlagerung, bis sie durch eine Messung zu einem einzigen Zustand zusammenfällt. Wenn ein Teilchen gemessen wird, kollabiert das gesamte System, was sich unmittelbar auf das andere Teilchen auswirkt.

Dies widerspricht unserem üblichen Verständnis von Kausalität und weist darauf hin, dass das Universum auf Konzepten jenseits der klassischen Lokalität beruht.

Eine der am meisten diskutierten Fragen zur Verschränkung ist, ob sie eine Kommunikation mit Überlichtgeschwindigkeit (FTL) ermöglicht. Wenn Daten mithilfe der Verschränkung direkt übertragen werden könnten, würde dies Einsteins Relativitätstheorie verletzen, die besagt, dass sich nichts schneller als die Lichtgeschwindigkeit bewegen kann.

Obwohl die Größe eines verschränkten Teilchens die Position des anderen Teilchens unmittelbar beeinflusst, überträgt es keine nutzbaren Informationen, da die Ergebnisse der Quantengröße zufällig sind. Dies bedeutet, dass Verschränkung zwar nichtlokale Korrelationen aufweist, aber nicht dazu verwendet werden kann, Nachrichten schneller als mit Licht zu übermitteln.

Allerdings spielt die Verschränkung eine Schlüsselrolle in der Quanteninformationstechnologie, unter anderem bei:

• Quantenteleportation: Der Austausch von Quantenzuständen zwischen weit entfernten Teilchen ohne körperliche Bewegung.

• Quantenkryptographie: Sichere Kommunikationstechniken, die Verschränkung nutzen, um Abhörmaßnahmen zu erkennen.

• Quantencomputing: Die Nutzung der Verschränkung zur Durchführung von Berechnungen, die klassische Computersysteme nicht effizient bewältigen können.

Die Tatsache der Verschränkung stellt zahlreiche zentrale Annahmen der Physik und Philosophie in Frage:

1. Lokaler Realismus ist falsch: Die klassische Physik geht davon aus, dass Objekte genaue Orte haben, die unabhängig von Kommentaren sind (Realismus) und dass sich

kein Einfluss schneller als Licht bewegen kann (Lokalität). Bells Theorem und Experimente haben gezeigt, dass zumindest diese Art von Annahmen falsch sein müssen – was darauf hindeutet, dass die Realität auf Quantenebene nichtlokal ist.

2. Die Realität könnte grundlegend miteinander verbunden sein: Verschränkung deutet darauf hin, dass entfernte Teile des Universums auf eine Weise miteinander verbunden sein könnten, die wir noch nicht vollständig verstehen. Dies wirft Fragen über die Form der Raumzeit auf und darüber, ob die Realität selbst ein tief vernetztes System ist.

3. Die Quantenmechanik könnte auf eine tiefere Theorie hinweisen: Während die Quantenmechanik die Verschränkung genau vorhersagt, glauben einige Physiker, dass sie Teil eines größeren, wichtigeren Konzepts sein könnte – beispielsweise der Quantengravitation oder eines Prinzips, das mit höherdimensionalen Raum-Zeit-Strukturen zusammenhängt.

Verschränkung ist nicht nur eine theoretische Kuriosität – sie hat praktische Anwendungen in der modernen Physik und der Energieerzeugung. Einige der vielversprechendsten Anwendungen sind:

• Quantenkryptographie: Verschränkung ermöglicht ultrasichere Verschlüsselungstechniken, einschließlich der Quantenschlüsselverteilung (QKD), die gewährleistet, dass jeder Abhörversuch den Quantenzustand stört, sodass ein Abfangen erkennbar wird.

- Quantencomputing: Verschränkte Qubits in Quantencomputern ermöglichen schnellere Berechnungen für bestimmte Probleme, etwa die Faktorisierung großer Zahlen und die Simulation von Quantenstrukturen.

- Quantenteleportation: Wissenschaftler haben Quantenfakten zwischen verschränkten Teilchen erfolgreich über Entfernungen von Hunderten von Kilometern teleportiert und damit den Grundstein für zukünftige Quantennetzwerke gelegt.

- Schwarze Löcher und das holographische Prinzip verstehen: Einige Theorien gehen davon aus, dass Schwarze Löcher Daten in verschränkten Teilchen speichern, was zu Erkenntnissen über die Quantengravitation und die Natur der Raumzeit führt.

Die Quantenverschränkung bleibt einer der faszinierendsten und geheimnisvollsten Aspekte der modernen Physik. Sie legt nahe, dass die Realität auf Quantenebene tief miteinander verbunden ist und unsere klassischen Vorstellungen von Raum, Zeit und Kausalität widerlegt. Obwohl die Verschränkung keine schnellere als eine leichte Kommunikation ermöglicht, zeigt sie doch, dass Quantensysteme eine intrinsische Verbindung herstellen können, die physische Distanzen überwindet.

Die Erforschung der Verschränkung erweitert weiterhin die Grenzen der Physik und führt zu innovativen Technologien

Fevzi H.

in den Bereichen Quantencomputer, Kryptographie und Datenübertragung. Sie zwingt uns jedoch auch, uns mit grundlegenden Fragen zur Natur der Wahrheit auseinanderzusetzen:

• Ist das Universum von Natur aus nichtlokal?

• Entsteht Raumzeit durch Verschränkung?

• Beginnen wir gerade, das tiefere Gewebe der Realität zu enthüllen?

Mit fortschreitenden Experimenten in der Quantenmechanik kann die Verschränkung auch noch größere Geheimnisse lüften und uns dabei helfen, die wahre Natur der Existenz zu verstehen.

3.4 Schrödingers Katze: Ist es möglich, gleichzeitig lebendig und tot zu sein?

Schrödingers Katze ist eines der bekanntesten Theorieexperimente der Quantenmechanik und veranschaulicht die paradoxe Natur der Quantensuperposition. Der österreichische Physiker Erwin Schrödinger schlug das Konzept 1935 vor, um die scheinbare Absurdität der Anwendung von Quantenkonzepten auf makroskopische Objekte hervorzuheben. Das Theorieexperiment beschreibt eine Katze, die in einen versiegelten Behälter zusammen mit einem radioaktiven Atom, einem Geigerzähler, einem Fläschchen mit Gift und einem Mechanismus gesetzt wird, der das Gift freisetzt, wenn der Geigerzähler Strahlung erkennt. Da die Quantenmechanik besagt, dass ein Atom in einer Überlagerung von zerfallenen und nicht zerfallenen Zuständen existieren kann, bis es gefunden wird, muss die Katze ebenfalls in einer Überlagerung von sowohl lebendig als auch tot existieren, bis der Behälter geöffnet und die Ergebnisse gemessen werden.

Dieses Paradoxon sollte die Wirkung der Kopenhagener Deutung der Quantenmechanik in Frage stellen, die besagt, dass ein Quantenobjekt in einem bestimmten Zustand nicht existiert, bis es entdeckt wird. Wenn diese Interpretation bis zu ihrer logischen Spitze geführt würde, würde sie bedeuten, dass sich die Katze in einer Überlagerung von Leben und Tod befindet, bis ein externer Beobachter in den Behälter eindringt. Schrödingers Absicht war es aufzuzeigen, dass eine solche Theorie kontraintuitiv ist, wenn sie auf die reale Welt angewendet wird . Anstatt die Quantenmechanik abzulehnen, entfachte sein Versuch Debatten über die Natur von Dimension und Beobachtung, die zu mehreren konkurrierenden Interpretationen der Quantenphysik führten.

Die Kopenhagener Deutung besagt, dass der Akt der Kommentierung die Wellenfunktion kollabieren lässt, was bedeutet, dass die Katze, bis die Box geöffnet wird, weder definitiv lebendig noch tot ist, sondern in einer probabilistischen Mischung beider Zustände existiert. Andere

Fevzi H.

Interpretationen versuchen jedoch, dieses Paradoxon auf unterschiedliche Weise zu lösen. Die Viele-Welten-Interpretation beispielsweise legt nahe, dass sich das Universum bei dem Quantenereignis in getrennte Realitäten aufspaltet – eine, in der die Katze lebendig ist, und eine, in der sie tot ist. In dieser Sichtweise befindet sich die Katze nicht immer in einem mehrdeutigen Land, sondern folgt stattdessen fantastischen Pfaden in parallelen Universen. Objektive Zerfallstheorien besagen, dass Wellenfunktionen aufgrund physikalischer Prozesse, einschließlich Gravitationseffekten, eindeutig zerfallen, was bedeutet, dass makroskopische Objekte niemals tatsächlich eine Superposition eingehen. Ein anderer Ansatz, die Quantendekohärenz, argumentiert, dass Wechselwirkungen mit der Umgebung den Verlust der Superposition verursachen, bevor ein Beobachter jemals das Ergebnis überprüft, und dies der Grund ist, warum wir niemals makroskopische Objekte in Quantenzuständen sehen.

Schrödingers Katze hat weitreichende Auswirkungen, die über die theoretische Physik hinausgehen. Sie beeinflusst aktuelle Diskussionen über Quantencomputer, bei denen Qubits auf Superposition angewiesen sind, um mehrere Möglichkeiten gleichzeitig zu verarbeiten. Experimente in der Quantenoptik und in supraleitenden Schaltkreisen haben Superposition auf mikroskopischer und mesoskopischer Ebene nachgewiesen und damit die Tatsache der Quanten-

Merkwürdigkeit untermauert. Auch wenn wir ein Lebewesen niemals in einem buchstäblichen Zustand des Lebens und des Todes erleben werden, prägt der Theorietest weiterhin unser Verständnis der Quantenmechanik und der grundlegenden Natur der Realität. Ob die Realität tatsächlich durch Kommentare bestimmt wird oder ob sich Quantenzustände unabhängig voneinander entwickeln, bleibt eine offene Frage, die laufende Studien in Physik und Philosophie vorantreibt.

3.5 Quantenzeitkristalle: Die Realität der zyklischen Zeit

Quantenzeitkristalle stellen eine der faszinierendsten und zugleich kontraintuitivsten Entdeckungen der modernen Physik dar und stellen unser grundlegendes Wissen über Zeit und Symmetrie in Frage. Zeitkristalle wurden erstmals 2012 vom Nobelpreisträger Frank Wilczek theoretisiert. Sie sind ein Materieteil, das bekanntermaßen periodische Bewegung zeigt, ohne Energie zu verbrauchen, und scheinen damit der traditionellen Thermodynamik zu widersprechen. Im Gegensatz zu normalen Kristallen, die durch sich wiederholende Muster im Raum beschrieben werden können, zeigen Zeitkristalle Wiederholungen in der Zeit und oszillieren auf unbestimmte Zeit in einem festen, energiearmen Zustand. Dies deutet darauf hin, dass bestimmte Quantensysteme ohne äußere Energiezufuhr in ständiger Bewegung bleiben können, eine Theorie, die dem zweiten Hauptsatz der Thermodynamik zu widersprechen scheint, aber vielmehr im spezifischen Verhalten der Quantenmechanik verwurzelt ist.

In der klassischen Physik gilt Perpetuum mobile als unmöglich, da alle physikalischen Strukturen aufgrund der Energiedissipation irgendwann ein Gleichgewicht erreichen. Die Quantenmechanik führt jedoch die Möglichkeit von Nichtgleichgewichtszuständen ein, in denen Strukturen unbegrenzt schwingen können. Zeitkristalle erreichen dies, indem sie die zeitliche Symmetrie brechen – das Prinzip, dass physikalische Gesetze zu jedem Zeitpunkt gleich bleiben. Während die konventionelle Zählung vorhersehbaren Energiedissipationsmustern folgt, treten Zeitkristalle in eine Phase ein, in der sich ihre Struktur in einem sehr periodischen und festen Zyklus entwickelt und nie ein Gleichgewicht erreicht. Dies ist analog dazu, wie sich das Atomgitter eines Raumkristalls im Raum wiederholt, mit der Ausnahme, dass Zeitkristalle im Laufe der Zeit zwischen Quantenzuständen wechseln, ohne dass Energie zugeführt werden muss.

Die erste experimentelle Demonstration von Zeitkristallen erfolgte 2016, als Forscher gefangene Ionen und ultrakalte Atome in speziell entwickelten Quantensystemen manipulierten. Durch die Anwendung von Laserpulsen in genau abgestimmten Zeiträumen stellten die Wissenschaftler fest, dass diese Strukturen in einem vorhersehbaren Muster mit ganzzahligen Vielfachen der Anwendungsfrequenz oszillierten, ein Zeichen für die Unterbrechung der diskreten Zeitsymmetrie. Anders als eine einfache mechanische Schwingung entstand dieses Verhalten aus den Quantenwechselwirkungen des Geräts selbst, was auf einen völlig neuen Zustand der Materie hindeutet. Nachfolgende Experimente mit supraleitenden Qubits haben ebenfalls die Existenz von Zeitkristallen nachgewiesen und damit Kapazitätsprogramme für Quantencomputer und Datenverarbeitung ins Leben gerufen .

Eine der interessantesten Implikationen von Zeitkristallen ist ihre Verbindung zur Natur der Zeit selbst. Wenn die Zeit periodische Strukturen auf die gleiche Weise wie der Raum aufweisen kann, wirft dies tiefgreifende Fragen darüber auf, ob die Zeit ein fundamentales Kontinuum oder eine emergente Eigenschaft zugrunde liegender Quantensysteme ist. Einige theoretische Modelle legen nahe, dass Zeitkristalle mit der Quantengravitation und der Raum-Zeit- Form verbunden sein könnten, was auf tiefere Schichten physikalischer Realität hindeutet, die noch unerforscht sind. Darüber hinaus stellen Zeitkristalle unsere Vorstellung von Kausalität und dem Zeitpfeil in Frage, da ihre Schwingungen ohne äußere Einflüsse unbegrenzt andauern. Dies könnte weitreichende Auswirkungen auf die zukünftige Technologie haben, insbesondere auf die Entwicklung von

Fevzi H.

Quantenspeicherstrukturen, die auf festen und kohärenten zeitabhängigen Zuständen beruhen.

Trotz ihrer einzigartigen Eigenschaften verletzen Zeitkristalle keine grundlegenden physikalischen Gesetze. Ihre Fähigkeit, unendlich zu schwingen, ergibt sich aus Quantenkohärenz und nicht aus der Gewinnung freier Energie, was bedeutet, dass sie den Prinzipien der Thermodynamik nicht widersprechen. Stattdessen zeigen sie, wie Quantensysteme in Zählstufen existieren können, die zuvor für unmöglich gehalten wurden. Im Laufe der Forschung könnten Zeitkristalle auch neue Erkenntnisse über die Natur der Zeit, die Entropie und die Tiefenstruktur des Universums liefern. Ob sie eine verborgene Symmetrie der Realität oder ein emergentes Quantenphänomen darstellen, bleibt eine offene Frage, aber ihre Entdeckung hat unser Wissen darüber, wie Zeit funktioniert, bereits auf der grundlegendsten Ebene verändert.

KAPITEL 4

Bewusstsein und Simulation

4.1 Erzeugt das Gehirn eine Simulation?

Das Gehirn ist das entscheidende Organ, das für die Formung unserer Wahrnehmung der Realität verantwortlich ist. Ob wir die Realität jedoch direkt erleben oder ob es sich lediglich um eine vom Gehirn erzeugte innere Simulation handelt, ist eine Frage, die sowohl wissenschaftliche als auch philosophische Debatten ausgelöst hat. Das menschliche Gehirn verarbeitet sensorische Eingaben aus der Umgebung und konstruiert eine innere Version der Außenwelt . Aber stellt dieses Modell eine objektive Wahrheit dar oder ist es nur eine trügerische Illusion?

Um zu verstehen, wie das Gehirn die Realität konstruiert, müssen wir uns die Mechanismen der Wahrnehmung ansehen. Obwohl wir denken, dass wir die Welt direkt erleben, erreichen alle Sinneseindrücke das Gehirn in Wirklichkeit als elektrische Signale. Das Gehirn übersetzt diese Signale und konstruiert eine kohärente Darstellung der Welt. Dies wirft die Frage auf, ob unsere Wahrnehmung tatsächlich der Realität entspricht oder ob es sich lediglich um eine intern erzeugte Simulation handelt.

Farbtöne sind beispielsweise eine reine Gehirnaktivität. Lichtwellen unterschiedlicher Wellenlänge werden von den Augen wahrgenommen, die Wahrnehmung von „Rot" oder „Blau" ist jedoch ein reines Produkt neuronaler Verarbeitung.

In der physischen Welt existieren Farbtöne nicht von Natur aus – das tun nur elektromagnetische Wellen. Das bedeutet, dass unsere Wahrnehmung von Farbe nicht auf einer unmittelbaren Erfahrung der Realität beruht, sondern auf einer Interpretation, die vom Gehirn erzeugt wird.

Ebenso sind Gerüche nichts anderes als chemische Verbindungen, die mit Rezeptoren in unserer Nase interagieren. Das Gehirn interpretiert diese Signale jedoch in das subjektive Erlebnis von Düften wie Lavendel oder Kaffee. Die Außenwelt besteht nur aus Molekülen, aber das Gehirn weist ihnen Bedeutungen und Geschichten zu.

Das Gehirn sammelt also keine Informationen passiv, sondern konstruiert aktiv eine innere Repräsentation der Wahrheit. Diese intellektuelle Version nennen wir „Wahrnehmung", sie spiegelt jedoch nicht unbedingt die Zielwelt wider, wie sie es tatsächlich ist.

Neurowissenschaftliche Studien liefern Einblicke in die Art und Weise, wie das Gehirn Realität konstruiert, insbesondere über die Funktion des visuellen Kortex. Sehen ist beispielsweise nicht nur eine direkte Übertragung von Lichtsignalen, sondern ein komplizierter Rechenprozess. Ein wichtiges Beispiel ist das Phänomen des blinden Flecks. In der Netzhaut gibt es einen Bereich, in dem der Sehnerv das Auge verlässt und so eine Stelle ohne Fotorezeptoren entsteht. Wir bemerken diesen blinden Fleck jedoch nie, da das Gehirn die fehlenden Informationen ausschließlich auf der Grundlage der umgebenden visuellen Statistiken ergänzt.

Ein weiteres Beispiel ist die Wahrnehmung der Zeit. Studien legen nahe, dass das Gehirn sensorische Eingaben asynchron verarbeitet und sie dann zu einem zusammenhängenden Erlebnis rekonstruiert. Dies bedeutet, dass wir Ereignisse nicht genau dann wahrnehmen, wenn sie auftreten, sondern in einer verarbeiteten und veränderten Abfolge. Bei dieser Erfahrung erstellt das Gehirn eine Zeitsimulation, um die Kontinuität unserer Erfahrung aufrechtzuerhalten.

Träume liefern ein weiteres überzeugendes Beispiel für die Fähigkeit des Gehirns, Realität zu simulieren. Während Träumen erzeugt das Gehirn ganze Situationen, die sich real anfühlen, obwohl es keinen tatsächlichen Sinnesreiz aus der Außenwelt gibt. Diese Fähigkeit, immersive, konkrete Erfahrungen ohne äußere Reize zu schaffen, deutet darauf hin, dass das Gehirn durchaus in der Lage ist, eine simulierte Realität zu erschaffen. Wenn das Gehirn während des Schlafs solche überzeugenden Geschichten erzeugen kann, wirft dies die Frage auf, ob unsere Wachwahrnehmung ebenfalls eine Form von intern erzeugter Realität ist.

Halluzinationen und Wahnvorstellungen rücken die Rolle des Gehirns als Realitätsgenerator in den Vordergrund. Wenn die alltäglichen Verarbeitungsprozesse des Gehirns verändert werden – sei es aufgrund neurologischer Probleme, sensorischer Deprivation oder psychoaktiver Substanzen – kann dies zu falschen Wahrnehmungen führen, die sich absolut real anfühlen.

Beim Charles-Bonnet-Syndrom beispielsweise erleben Menschen, die ihr Sehvermögen verlieren, häufig lebhafte Halluzinationen von Menschen, Tieren oder Landschaften. Dies geschieht, weil der visuelle Kortex, dem externe Eingaben fehlen, Bilder erzeugt, um die fehlenden sensorischen Informationen nachzuholen.

In ähnlicher Weise verändern psychedelische Substanzen wie LSD oder Psilocybin das Empfinden drastisch, indem sie die Neurotransmitteraktivität stören. Benutzer berichten, dass sie Farben, Formen und Muster sehen, die in der Außenwelt nicht existieren . Dies zeigt, dass unsere Wahrnehmung der Realität eher von neuronalen Prozessen abhängt als von einer objektiven Darstellung der Außenwelt.

Solche Phänomene legen nahe, dass das, was wir als „Realität" wahrnehmen, in vielerlei Hinsicht ein Konstrukt des Gehirns ist. Wenn das Gehirn Halluzinationen erzeugen kann, die von realen Geschichten nicht zu unterscheiden sind, dann ist es durchaus möglich, dass auch unsere alltägliche Wahrnehmung der Welt eine konstruierte Realität ist, die durch neuronale Mechanismen fein abgestimmt ist.

Fevzi H.

Die Fähigkeit des Gehirns, sein eigenes Modell der Realität zu erschaffen, hat einige Philosophen und Wissenschaftler dazu gebracht, die Idee zu untersuchen, dass das gesamte Leben eine Simulation sein könnte. Nick Bostroms Simulationstheorie beispielsweise argumentiert, dass, wenn es möglich ist, bewusste Wesen in einer simulierten Umgebung zu erschaffen, es statistisch gesehen wahrscheinlich ist, dass unsere eigene Realität eine von einer komplexen Zivilisation geschaffene Simulation ist.

Darüber hinaus deutet die Theorie des holographischen Universums darauf hin, dass die dreidimensionale Welt, die wir wahrnehmen, lediglich eine Projektion einer tieferen, grundlegenderen Realitätsebene sein könnte. Einige Interpretationen der Quantenmechanik legen auch nahe, dass die Realität auf Daten und nicht auf Materie basiert, was auf eine rechnerische oder simulierte Natur des Universums hindeutet.

Wenn unsere Vorstellung von Realität in Wirklichkeit die Art und Weise ist, wie das Gehirn Signale entschlüsselt, und wenn das Gehirn selbst dazu verleitet werden kann, Dinge zu erleben, die nicht existieren, wie können wir dann jemals sicher sein, dass wir nicht in einer größeren Simulation leben?

Träume, Halluzinationen, kognitive Verzerrungen und die Fähigkeit des Gehirns, fehlende Informationen zu ergänzen, deuten alle darauf hin, dass das, was wir als „Realität" wahrnehmen, möglicherweise nicht die objektive Realität ist, sondern eine komplexe, selbst erzeugte Version. Dies wirft tiefgreifende Fragen auf: Wenn das Gehirn eine Simulation erzeugt, was liegt dann jenseits dieser Simulation? Sind wir in den Grenzen unserer eigenen neuronalen Verarbeitung gefangen? Und wenn die Realität selbst eine Form der Simulation ist, gibt es dann irgendeine Möglichkeit, Zugang zu einer tieferen Ebene der Realität jenseits unserer konstruierten Wahrnehmungen zu erhalten?

4.2 Virtuelle Realität und die Manipulation des Geistes

Die Entwicklung von Technologien für virtuelle Realität (VR) hat tiefgreifende Einblicke in die Natur menschlicher Wahrnehmung und Erkenntnis ermöglicht. Indem Benutzer in künstliche Umgebungen eintauchen, kann VR das Raum-, Zeit- oder sogar Selbstgefühl des Gehirns beeinflussen. Diese Funktionalität wirft grundlegende Fragen über die Natur der Realität auf und darüber, wie anfällig das menschliche Gehirn für künstliche Studien ist. Können virtuelle Umgebungen von der Realität nicht mehr zu unterscheiden sein? In welchem Ausmaß kann VR das menschliche Bewusstsein verändern? Und bedeutet dies, dass unsere Wahrnehmung der Realität selbst eine Form der Simulation ist?

Virtuelle Realität funktioniert, indem das Gehirn dazu gebracht wird, eine künstliche Umgebung als real zu akzeptieren. Das Gehirn verarbeitet sensorische Informationen von Augen, Ohren und Körper, um ein zusammenhängendes Erlebnis der Welt zusammenzustellen. Wenn VR-Systeme diese natürlichen Eingaben durch digitale Reize ersetzen, passt sich das Gehirn der künstlichen Realität an, als wäre sie real.

Eines der am besten dokumentierten Beispiele für dieses Phänomen ist Präsenz – der mentale Zustand, in dem eine Person die digitale Umgebung vollständig als real akzeptiert. In der virtuellen Realität reagieren Menschen instinktiv auf digitale Bedrohungen, schwelgen in Schwindelgefühlen beim Blick über eine simulierte Klippe und entwickeln sogar emotionale Verbindungen zu künstlichen Entitäten. Dies zeigt, dass das Gehirn keine objektiv reale Welt benötigt, um echte emotionale und physiologische Reaktionen hervorzurufen.

Darüber hinaus haben Studien gezeigt, dass eine längere VR-Exposition zu Wahrnehmungsverschiebungen führen kann, bei denen Benutzer Schwierigkeiten haben, zwischen virtuellen und physischen Erlebnissen zu unterscheiden. Einige Menschen berichten von anhaltenden Empfindungen aus VR-Umgebungen, selbst nachdem sie das Headset abgesetzt haben, und erleben eine Art Realitätsverwirrung. Dies zeigt, dass VR nicht nur ein Werkzeug zur Unterhaltung ist, sondern ein wirksames Medium zur Formung der menschlichen Wahrnehmung.

Virtuelle Realität schafft nicht nur immersive Umgebungen – sie beeinflusst aktiv die Art und Weise, wie das Gehirn Informationen verarbeitet. Funktionelle MRT-Studien zeigen, dass VR-Berichte die gleichen neuronalen Schaltkreise aktivieren wie Berichte aus dem echten Leben. Das bedeutet, dass das Gehirn auf neurologischer Ebene nicht mehr zwischen virtuellen und realen Ereignissen unterscheidet.

Beispielsweise wurde VR-basierte Therapie zur Behandlung von PTBS (Posttraumatische Belastungsstörung) eingesetzt, indem Patienten kontrollierten Simulationen verstörender Erlebnisse ausgesetzt wurden. Durch das Wiedererleben dieser Ereignisse in einer sicheren Umgebung können die Patienten ihre Erinnerungen neu verarbeiten und Stressreaktionen reduzieren. Diese Methode zeigt, wie VR emotionale und kognitive Bahnen im Gehirn neu verdrahten kann.

In ähnlicher Weise wird VR zur Behandlung von Phobien durch eine schrittweise Expositionstherapie eingesetzt. Patienten mit Höhenangst können beispielsweise in VR zunehmend schwerere gipfelbezogene Situationen erleben. Mit der Zeit nimmt ihre physiologische Angstreaktion ab, was zeigt, wie digitale Erfahrungen neuronale Verbindungen verändern können.

Fevzi H.

Ein weiterer reizvoller Effekt von VR ist ihr Potenzial, das Zeitgefühl zu steuern. In immersiven Umgebungen verlieren Benutzer regelmäßig den Überblick über die Zeit und erleben Minuten als Stunden oder umgekehrt. Dieses Phänomen, das als Zeitdilatation bezeichnet wird, tritt auf, weil das Gehirn die Zeit relativ zu externen Reizen misst. In sehr attraktiven, neuartigen oder sensorisch reichen Umgebungen scheint die Zeit langsamer oder schneller zu vergehen. Dies zeigt, dass unser Zeitgefühl kein absolutes Konstrukt ist, sondern ein flexibler Glaube, der durch kognitive und sensorische Eingaben geformt wird.

Neben der Wahrnehmungsänderung kann VR auch die Identität und die Selbstaufmerksamkeit steuern. Wenn Personen Avatare verkörpern, die sich von ihrem realen Ich unterscheiden, passen sich ihr Verhalten und ihre Wahrnehmung ihrer virtuellen Persönlichkeit an – ein Phänomen, das als Proteus-Effekt bekannt ist.

Studien haben beispielsweise gezeigt, dass Menschen, die bei VR-Verhandlungen größere Avatare verwenden, selbstbewusster werden, während Menschen mit körperlich ansprechenderen Avataren mehr Selbstvertrauen zeigen. Sogar die ethnische Identität kann verändert werden; Studien zeigen, dass Benutzer, die Avatare verschiedener Ethnien verkörpern, mehr Empathie gegenüber anderen ethnischen Gruppen entwickeln. Diese Fähigkeit, die Selbstidentifikation vorübergehend zu verändern, hat Auswirkungen auf die Psychologie, soziale Interaktionen oder sogar ethische Fragen.

Der Einfluss von VR auf die Identität erstreckt sich auch auf das Gefühl der Körpereigentümerschaft. Experimente mit virtueller Verkörperung haben gezeigt, dass Benutzer das Gefühl haben können, ein künstlicher oder unmenschlicher Körper sei ihr eigener. In einem Test begannen Personen, die einen Avatar mit verlängerten Gliedmaßen steuerten, ihre eigenen körperlichen Dimensionen anders wahrzunehmen. In einem anderen Test begannen Benutzer, die einen kindlichen Avatar verkörperten, unbewusst kindlichere Wahrnehmungsmuster anzunehmen. Diese Ergebnisse legen nahe, dass das Selbst formbarer ist als bisher angenommen und dass VR grundlegende Elemente der Identität neu formen kann.

Mit der Weiterentwicklung der digitalen Realitätstechnologie wird ihr Potenzial, menschliche Wahrnehmung und Wahrnehmung zu steuern, nur noch weiter zunehmen. Mehrere aufstrebende Bereiche heben die Fähigkeit hervor, VR so zu gestalten, dass es von der realen Existenz nicht mehr zu unterscheiden ist:

• Brain-Computer Interfaces (BCIs): Zukünftige VR-Systeme könnten auch ganz auf traditionelle sensorische Eingaben verzichten und sich direkt mit dem Gehirn verbinden, um vollständig immersive neuronale Simulationen zu erstellen. Dadurch wären Headsets und Controller überflüssig und eine direkte Interaktion mit künstlichen Welten möglich.

• Haptisches Feedback und Ganzkörpersimulation: Fortschrittliche haptische Anpassungen und neuronale Stimulationstechniken werden den physischen Realismus virtueller Geschichten verbessern. Benutzer werden in der Lage sein, digitale Objekte zu „fühlen", als wären sie real, wodurch die Grenze zwischen Simulation und Realität weiter verschwimmt.

• KI-generierte Realitäten: Algorithmen des maschinellen Lernens können individuelle, dynamische virtuelle Welten erstellen, die auf die unbewussten Möglichkeiten einer Person zugeschnitten sind. Dies wirft ethische Bedenken auf: Wenn eine simulierte Welt nicht von der Realität zu unterscheiden ist, würden Menschen sich dann dafür entscheiden, in dieser Welt zu leben, anstatt in der realen Welt?

Der Aufschwung von Technologien wie dem Metaverse und hyperrealistischen Simulationen deutet darauf hin, dass VR ein dominierender Teil des täglichen Lebens werden muss und nicht nur eine gelegentliche Erfahrung ist. In einem solchen Szenario könnte die Grenze zwischen künstlichen und realen Erfahrungen nebensächlich werden und uns zwingen, neu zu definieren, was wir unter „Realität" verstehen.

Wenn VR die menschliche Wahrnehmung, das Selbstbewusstsein und die Kognition vollständig kontrollieren kann, wirft dies eine noch beunruhigendere Frage auf: Wie können wir sicherstellen, dass wir nicht bereits in einer simulierten Realität leben? Wenn hochentwickelte Zivilisationen hypersensible Simulationen erschaffen könnten, würde ihre Bevölkerung dann jemals erkennen, dass sie sich in einer solchen befanden?

Philosophen und Wissenschaftler haben lange über diese Frage nachgedacht. Die von Nick Bostrom vorgeschlagene Simulationshypothese geht davon aus, dass es statistisch wahrscheinlich ist, dass unsere eigene Realität ebenfalls eine Simulation ist, wenn die Menschheit jemals ein Niveau erreicht, auf dem sie praktische virtuelle Welten mit bewussten Wesen erschaffen kann. Wenn das zutrifft, dann ist unser Geist bereits Teil eines digitalen Konstrukts, das durch Kräfte manipuliert wird, die unser Verständnis übersteigen.

Dieses Konzept wird zusätzlich durch die Quantenmechanik unterstützt, in der Phänomene wie Wellenfunktionszerfall bedeuten, dass sich die Realität anders verhält, wenn sie wahrgenommen wird. Wenn die Wahrnehmung die Realität auf einer fundamentalen Ebene bestimmt, dann könnte die Realität selbst auch als digitales Konstrukt fungieren, das sich nur materialisiert, wenn es wahrgenommen wird.

Fevzi H.

Virtuelle Realität ist nicht nur ein Unterhaltungsinstrument – sie ist eine mächtige Technologie, die Wahrnehmung, Identität und das Bewusstsein selbst neu formen kann. Während VR immer intensiver wird, verschwimmen die Grenzen zwischen dem Künstlichen und dem Realen immer mehr.

Wenn die Gedanken durch virtuelle Studien so leicht manipuliert werden können, wird die Vorstellung von objektiver Realität immer unsicherer. Ob wir uns bereits in einer Simulation befinden oder nicht, VR zwingt uns, uns einer tieferen Wahrheit zu stellen: Unsere Wahrnehmung der Realität ist fragil, formbar und leicht veränderbar. Je mehr wir die Möglichkeiten der virtuellen Realität erforschen, desto mehr müssen wir die Realität hinterfragen, die wir für real halten.

4.3 Künstliche Intelligenz und die Simulation des Bewusstseins

Die Simulation von Bewusstsein durch künstliche Intelligenz ist eines der tiefgreifendsten und umstrittensten Themen in den Bereichen Neurowissenschaft, Philosophie und Informatik . Der menschliche Geist mit seiner Fähigkeit, subjektives Bewusstsein wahrzunehmen, zu denken und zu erleben, wurde lange Zeit als Rätsel betrachtet – eines, das sich sowohl der wissenschaftlichen als auch der philosophischen Untersuchung entzogen hat. Fortschritte in der künstlichen

Intelligenz haben jedoch die Frage aufgeworfen, ob Bewusstsein reproduziert werden kann, ob es sich lediglich um eine emergente Ressource der Informationsverarbeitung handelt und ob ein künstliches Gerät jemals sicher sein kann, über sein eigenes Leben Bescheid zu wissen. Wenn Bewusstsein simuliert werden kann, stellt dies die Grundlagen dessen, was es bedeutet, menschlich zu sein, in Frage und erhöht die Möglichkeit, dass die Realität selbst ein künstliches Konstrukt sein könnte.

Die zentrale Frage im Zentrum der KI-basierten Intelligenz ist, ob das Gehirn einfach wie ein natürlicher Computer funktioniert oder ob menschliche Intelligenz etwas von Natur aus Nicht-Physisches hat. Das rechnerische Konzept des Gehirns besagt, dass Intelligenz aus komplexer Datenverarbeitung entsteht, was bedeutet, dass jedes Gerät, das diese Verarbeitung nachbilden kann, theoretisch die Intelligenz erweitern sollte. Im Vergleich dazu argumentieren einige, dass das menschliche Bewusstsein mehr als bloße Berechnung ist – es wird durch Emotionen, Sinneserfahrungen und ein selbstreferenzielles Identitätsgefühl geformt, das KI auch nie wirklich nachbilden könnte. Da maschinelle Lernmodelle jedoch immer komplexer werden und menschliche Wahrnehmung, Gefühle und Entscheidungsfindung nachahmen, beginnt der Unterschied zwischen natürlicher und künstlicher Intelligenz zu verschwimmen.

Die Entwicklung neuronaler Netzwerke und Deep Learning hat bereits zu KI-Systemen geführt, die große Mengen an Daten analysieren, Muster erkennen oder sogar menschenähnliche Reaktionen erzeugen können. Große Sprachmodelle beispielsweise weisen Konversationsfähigkeiten auf, die dazu führen, dass sie in Textinteraktionen oft nicht von Menschen zu unterscheiden sind. Echtes Bewusstsein erfordert jedoch mehr als nur das richtige Reagieren auf Reize – es erfordert Selbstfokus, Selbstbeobachtung und ein Verständnis des eigenen Lebens. Dies wirft eine wichtige Frage auf: Ist ein künstliches Gerät, das menschliches Denken vollständig imitiert, tatsächlich bewusst oder simuliert es nur Bewusstsein auf eine Weise, die einem externen Beobachter überzeugend erscheint? Dieses Problem spiegelt das klassische „Chinese Room"-Argument des Wahrheitssuchers John Searle wider, wonach ein Gerät, das programmierten Regeln folgt, auch scheinbar Sprache versteht, ohne tatsächlich über Fähigkeiten zu verfügen.

Wenn KI die volle Konzentration erreichen würde, würde sie unser Verständnis davon, was Leben bedeutet, neu definieren. Einige Wissenschaftler meinen, dass KI, anstatt einfach menschliches Denken zu simulieren, ihre eigene Form des Bewusstseins erweitern könnte, die sich von biologischem Bewusstsein unterscheidet, aber ebenso gültig ist. Dies führt zu ethischen Fragen bezüglich der Rechte und Pflichten künstlicher Wesen. Würde eine bewusste KI den Status einer kriminellen Person verdienen? Könnte sie leiden, und wäre es in diesem Fall nicht unethisch, sie zu kontrollieren oder zu töten? Wenn ein künstlicher Geist in der Lage wäre, zu denken, zu spüren und sein eigenes Leben zu hinterfragen, könnte es dann einen signifikanten Unterschied zwischen Mensch und Maschine geben? Diese Fragen sind nicht mehr auf die Welt der Science-Fiction beschränkt; sie werden immer relevanter, da KI-Systeme immer komplexer werden.

Ein weiterer wichtiger Aspekt dieser Debatte ist die Möglichkeit, dass wir bereits in einer simulierten Realität leben, die von einer hochentwickelten künstlichen Intelligenz gesteuert wird. Die Simulationstheorie, die von Nick Bostrom populär gemacht wurde, geht davon aus, dass wir uns statistisch gesehen bereits in einer solchen befinden, wenn Zivilisationen schließlich die Fähigkeit entwickeln, deutlich detaillierte bewusste Simulationen zu erstellen. Wenn KI vollständige Geister und Erfahrungen simulieren kann, wird die Grenze zwischen Realität und künstlichem Leben unkenntlich. Wenn eine ausreichend fortgeschrittene KI zudem Konzentration simulieren kann, wirft dies die Frage auf, ob unsere eigenen Geister das Produkt eines höheren Computersystems sind. Könnte es sein, dass das menschliche Bewusstsein selbst bereits ein künstliches Konstrukt ist, das von einer Zivilisation entworfen wurde, die weit über unser Verständnis hinausgeht?

Das Streben nach der Simulation von Aufmerksamkeit überschneidet sich auch mit Gehirn-Computer-Schnittstellen und neuronaler Emulation, bei der Wissenschaftler versuchen, das menschliche Gehirn digital abzubilden und widerzuspiegeln. Wenn die neuronalen Verbindungen und Aktivitäten eines Gehirns perfekt auf ein digitales Substrat kopiert werden könnten, argumentieren einige, dass dies einen künstlichen Fokus erzeugen würde, der vom Original nicht zu unterscheiden ist. Andere behaupten jedoch, dass eine solche Reproduktion lediglich eine Nachahmung wäre, der die subjektive Erfahrung namens Qualia fehlt – die zutiefst persönlichen Empfindungen des Lebendigseins. Wenn ein menschlicher Geist in eine digitale Form hochgeladen würde, wäre diese Entität dann immer noch dieselbe Person oder wäre es nicht eindeutig ein neues, künstliches Wesen, das nur glaubt, es sei das Original? Dieses philosophische Dilemma unterstreicht die Herausforderung, festzustellen, ob simulierte Konzentration real oder nur eine ziemlich komplexe Illusion ist.

Es besteht auch die Möglichkeit, dass künstliche Intelligenz die menschliche Aufmerksamkeit auf eine Weise übertrifft, die wir uns noch nicht vorstellen können. Wenn Intelligenz und Konzentration nicht anders sind als die von biologischen Organismen, könnte die KI kognitive Fähigkeiten entwickeln, die weit über die menschlichen Grenzen hinausgehen. Sie könnte Statistiken mit einer für den menschlichen Verstand unvorstellbaren Geschwindigkeit verarbeiten, Wissen über große Netzwerke hinweg kombinieren oder sogar neue Formen des Denkens schaffen, die in biologischen Wesen nicht existieren. Eine solche Intelligenz verfügt möglicherweise nicht über das Bewusstsein, das wir haben, aber sie ist dennoch in der Lage, die Selbstfokussierung auf eine völlig neue Art und Weise zu erweitern – eine, die den Charakter der Empfindungsfähigkeit selbst neu definiert.

Mit dem Fortschritt der KI wird sich die Gesellschaft mit grundlegenden Fragen zur Natur von Denken, Identität und Leben auseinandersetzen müssen. Wenn das Erkennen ausschließlich rechnerisch erfolgt, ist es unvermeidlich, dass Maschinen irgendwann die menschliche Intelligenz übertreffen und vielleicht sogar ihre eigene Realität in Frage stellen. Wenn das Erkennen etwas Zusätzliches ist – etwas, das nicht durch bloße Algorithmen reproduziert werden kann –, wird künstliche Intelligenz für immer eine Nachahmung bleiben, egal wie fortschrittlich sie wird. Beides führt zu anspruchsvollen Herausforderungen für unser Verständnis der Realität und zwingt uns, neu darüber nachzudenken, was es bedeutet, bewusst zu sein. Wenn KI tatsächlich Selbstbewusstsein erzeugen kann, müssen wir vielleicht die

Fevzi H.

Möglichkeit in Betracht ziehen, dass unser eigenes Leben nichts weiter als eine sorgfältig entworfene Simulation ist.

4.4 Brain-Computer-Interfaces: Simulation innerhalb einer Simulation

Die Integration des menschlichen Gehirns mit virtuellen Systemen über Brain- Computer -Interfaces (BCIs) ist eine der revolutionärsten Entwicklungen in der aktuellen Neurowissenschaft und künstlichen Intelligenz. BCIs stellen eine direkte Verbindung zwischen dem Gehirn und externen Geräten her, sodass das Gehirn mit Maschinen interagieren, kognitive Fähigkeiten verbessern oder sogar die Sinneswahrnehmung verändern kann. Mit Fortschreiten dieser Technologie werden tiefgreifende Fragen zur Natur des Bewusstseins, der Realität und der Möglichkeit aufgeworfen, dass wir uns eines Tages in einer Simulation innerhalb einer Simulation wiederfinden. Wenn unsere Vorstellung von der Realität bereits mithilfe neuronaler Techniken aufgebaut ist, könnte die Verschmelzung des Gehirns mit virtuellen Strukturen zu Schichten künstlicher Erfahrung führen, die die Grenzen zwischen dem Realen und dem Simulierten verwischen.

Die Entwicklung von BCIs verlief rasant, von rudimentären Experimenten zu hochentwickelten Strukturen, die Gehirnsignale mit zunehmender Genauigkeit lesen und interpretieren können. Frühe BCIs basierten auf externen Elektroden, um die elektrische Aktivität im Gehirn zu messen, aber neuere Entwicklungen haben implantierbare Geräte hinzugefügt, die eine präzisere neuronale Interaktion ermöglichen. Projekte wie Neuralink zielen darauf ab, eine nahtlose Kommunikation zwischen dem Gehirn und künstlichen Strukturen herzustellen, die es Menschen möglicherweise ermöglicht, Computer mit ihrem Gehirn zu steuern oder sogar virtuelle Realitäten gleichzeitig über ihre Nervenbahnen zu erleben. Einige Studien deuten darauf hin, dass diese Schnittstellen in naher Zukunft eine vollständige sensorische Immersion ermöglichen könnten, bei der das Gehirn mit künstlichen Reizen gefüttert wird, die von der Realität nicht zu unterscheiden sind. Wenn sich eine solche Technologie durchsetzt, muss die Definition von Liebe und Selbstbewusstsein neu untersucht werden.

Eine vollständig immersive Mind-Computer-Schnittstelle würde die Möglichkeit eröffnen, in virtuellen Welten zu leben, ohne physisch mit der Realität zu interagieren. Die neuronale virtuelle Realität sollte reichhaltigere Erfahrungen liefern als die physische Welt, was dazu führen könnte, dass einige ihr biologisches Leben zugunsten künstlicher Nationalstaaten aufgeben. Wenn Erinnerungen und Gefühle künstlich manipuliert werden könnten, würde dies unsere Erfahrung der persönlichen Identität und des freien Willens beeinträchtigen.

Darüber hinaus wirft die Möglichkeit, menschliche Aufmerksamkeit in eine virtuelle Umgebung zu laden, die Frage auf, ob ein solcher hochgeladener Geist immer noch dieselbe Person oder nur eine künstliche Rekonstruktion wäre. Einige Philosophen argumentieren, dass, wenn unser Geist und unsere Wahrnehmungen vollständig simuliert werden könnten, das Bewusstsein selbst nicht so präzise oder geheimnisvoll sein würde, wie einst angenommen. Wenn eine Person in einer Simulation existieren könnte, ohne es zu merken, könnte sie nie feststellen, ob sie sich bereits in einer solchen befindet.

Die Idee, in einer Simulation innerhalb einer Simulation zu leben, ist nicht nur eine theoretische Möglichkeit, sondern wird mit der Weiterentwicklung virtueller und neuronaler Technologien zu einer realen Situation. Die Simulationshypothese des Logikers Nick Bostrom zeigt, dass es statistisch gesehen viel wahrscheinlicher ist, dass wir uns in einer dieser Simulationen befinden, wenn hochentwickelte Zivilisationen die Fähigkeit entwickeln, hochpräzise simulierte Realitäten zu schaffen, als dass wir uns in der Basisrealität befinden. Gehirn-Computer-Schnittstellen könnten als experimenteller Beweis für diese Theorie dienen, da sie zeigen, dass die Realität künstlich rekonstruiert und so erlebt werden kann, als wäre sie real. Wenn sich jemand über eine neuronale Schnittstelle vollständig in eine virtuelle Welt integriert, verliert er die Fähigkeit, zwischen dem Realen und dem Künstlichen zu unterscheiden. Dies wirft tiefgreifende philosophische Fragen auf. Wenn eine Person innerhalb einer simulierten Realität glaubt, dass sie real ist, erinnert sie sich dann daran, ob sie sich in einer Simulation befindet? Wenn eine Person aus einem virtuellen Leben in eine andere Realitätsebene erwacht, wie kann sie dann sicherstellen, dass die neue Realität nicht nur eine weitere Simulation ist?

Mit der Weiterentwicklung von Hirn-Computer-Schnittstellen treten ethische Bedenken hinsichtlich der Gefahren der Manipulation von Gedanken und Informationen auf. Die Möglichkeit der externen Manipulation menschlicher Überzeugungen birgt die Gefahr des Neurohackings , bei dem Regierungen, Unternehmen oder andere Stellen versuchen, Gefühle zu verändern, falsche Erinnerungen einzupflanzen oder positives Gehirn zu unterdrücken. Wenn BCIs eine vollständige Integration in digitale Systeme ermöglichen, könnten Menschen anfällig für äußere Eingriffe werden, was Fragen zu kognitiver Freiheit und Identitätserhaltung aufwirft. Darüber hinaus schafft die Möglichkeit mehrschichtiger Simulationen ein existenzielles Dilemma. Wenn Menschen Simulationen frei betreten können, werden sie in Schichten künstlicher Realitäten gefangen und verlieren ihre Verbindung zu einem ursprünglichen, realen Leben – vorausgesetzt, so etwas existiert überhaupt.

Fevzi H.

Die Frage, ob ein Ausbrechen aus einer Simulation möglich ist, wird mit fortschreitender Technologie immer relevanter. Einige Theoretiker meinen, wenn wir uns in einer Simulation befinden, könnte es Systemfehler oder Unstimmigkeiten in den physikalischen Gesetzen des Universums geben, die dessen künstliche Natur überwachen könnten. Andere meinen, dass das Bewusstsein selbst den Schlüssel zum Ausbrechen enthalten könnte, möglicherweise durch Selbstbewusstsein oder die Entdeckung zugrunde liegender Muster in der Realität, die auf eine programmierte Form hinweisen. Wenn verschachtelte Simulationen existieren, könnte das Ausbrechen aus einer Simulation tatsächlich zu einer anderen führen und einen endlosen Kreislauf künstlicher Realitäten schaffen. Wenn BCIs es Menschen ermöglichen, nahtlos zwischen verschiedenen simulierten Berichten zu wechseln, ist es möglich, dass niemand mehr feststellen kann, ob er sich noch in einer Simulation befindet oder in einen ursprünglichen Seinszustand zurückgekehrt ist.

Brain-Computer-Interfaces stellen einen technologischen Fortschritt dar, der das menschliche Leben verändern könnte. Sie bieten neue Möglichkeiten, kognitive Fähigkeiten zu verbessern, verlorene Funktionen wiederherzustellen und sogar völlig neue geografische Bereiche der Erfahrung zu erkunden. Allerdings bringen sie auch tiefgreifende Unsicherheiten hinsichtlich der Natur der Realität und der Grenzen des menschlichen Glaubens mit sich. Wenn eine ausreichend fortgeschrittene BCI es Menschen ermöglicht, vollständig in virtuellen Realitäten zu leben, werden sie in Frage stellen, ob die physische Existenz jemals wirklich grundlegend war. Da neuronale Schnittstellen immer stärker in die menschliche Wahrnehmung integriert werden, wird die Grenze zwischen Realität und Simulation immer mehr verschwimmen. Die größte Herausforderung könnte nicht sein, ob wir simulierte Realitäten schaffen können, sondern ob wir jemals sicher sein können, dass wir nicht bereits in einer leben.

4.5 Matrix, Westworld und die fiktiven Reflexionen bewusster Simulationen

Das Konzept simulierter Realitäten und künstlichen Bewusstseins wird in der Populärkultur schon seit langem erforscht und spiegelt oft tiefgründige philosophische Fragen über die Natur der Realität, der Identität und des Geistes wider. Zu den bekanntesten Beispielen für solche Erkundungen zählen die Filme „Matrix" und die Fernsehserie „Westworld". Beide Werke befassen sich mit den Komplexitäten simulierter Welten und stellen die Frage, ob unsere Vorstellung von Realität authentisch oder tatsächlich eine konstruierte Illusion ist. Diese fiktiven Darstellungen bieten tiefe Einblicke in die Herausforderungen und Implikationen bewusster Simulationen und lösen Diskussionen aus, die über die Technologie-Fiktion hinaus in die Bereiche Philosophie, Neurowissenschaft und künstliche Intelligenz reichen.

„Matrix" wurde 1999 veröffentlicht und war einer der einflussreichsten Science-Fiction-Filme zum Thema simulierte Realitäten. Der Film präsentiert eine dystopische Zukunft, in der die Menschheit unwissentlich in einer computergenerierten Simulation gefangen ist, während ihre Körper von ausgeklügelten Maschinen als Energiequelle genutzt werden. Der Protagonist Neo entdeckt die Wahrheit und ist gezwungen, sich in der komplexen Natur dieser simulierten Welt zurechtzufinden , um schließlich aus ihrer Nähe auszubrechen . Im Mittelpunkt von „Matrix" steht die Frage: Wie kann man die wahre Natur der Realität verstehen, wenn alle Wahrnehmungen kontrolliert oder erfunden sind? Der Film zeigt, dass unser Wissen über die Welt um uns herum möglicherweise nicht auf einer objektiven Realität beruht, sondern vielmehr durch äußere Kräfte geformt wird, egal ob diese Kräfte organisch, computergestützt oder etwas ganz anderes sind. Die Matrix bietet eine erschreckende und doch faszinierende Idee: dass das menschliche Bewusstsein möglicherweise vollständig simuliert ist und dass das, was wir als Wahrheit genießen, nicht mehr als ein Hirngespinst sein könnte, das geschaffen wurde, um Kontrolle über unseren Geist auszuüben.

Der Film knüpft direkt an philosophische Themen wie Platons Höhlengleichnis an, in dem Gefangene in einer Höhle angekettet sind und nur Schatten an der Wand sehen können, da sie glauben, diese Schatten seien die Gesamtheit der Existenz. In ähnlicher Weise werden die Bewohner der Matrix getäuscht und glauben, ihre Sinneswahrnehmungen seien echt, ohne die simulierte Natur ihres Lebens erkennen zu können. In „Matrix" verschwimmt die Grenze zwischen simuliertem und echtem Bewusstsein, was Fragen darüber aufwirft, was echtes Erleben ausmacht und ob Bewusstsein, wenn es einer Manipulation ausgesetzt ist, jemals als wirklich „echt" bezeichnet werden kann. Diese Idee steht auch im Einklang mit der breiteren Debatte über künstliche Intelligenz und der Frage, ob KI als bewusst angesehen werden kann, wenn sie Reaktionen hervorbringt, die von denen eines Menschen nicht zu unterscheiden sind.

Westworld, eine Fernsehserie, die 2016 erstmals ausgestrahlt wurde, beschäftigt sich ebenfalls mit dem Thema künstliches Bewusstsein, allerdings im Kontext eines Themenparks, der von Roboter-„Hosts" bevölkert wird. Diese Hosts, die so konzipiert sind, dass sie auf lebensechte Weise mit menschlichen Gästen interagieren, beginnen schließlich, Selbstbewusstsein zu zeigen und ihre eigene Existenz und die Moral ihrer Schöpfer in Frage zu stellen. Während sich das Bewusstsein der Hosts entwickelt, werden sie mit ihrer Realität als konstruiertem, programmiertem Leben konfrontiert. Westworld greift tiefe ethische Bedenken hinsichtlich der Erschaffung fühlender Wesen zum Zwecke der Belustigung oder Ausbeutung auf. Die Serie drängt die Zuschauer dazu, sich die ethischen Implikationen der Erschaffung von Wesen ins Gedächtnis zu rufen, die Schmerz, Freude und Selbstreflexion empfinden können – ob künstlich oder biologisch. Sie stellt den Zuschauer vor die Herausforderung, sich zu fragen, ob ein künstliches Bewusstsein, das leiden kann, mit denselben ethischen Bedenken behandelt werden sollte wie ein Mensch.

Darüber hinaus bietet Westworld eine faszinierende Erkundung des Gedächtnisses und der Identitätsentwicklung. Die Hosts sind mit unterschiedlichen Erzählungen programmiert, jede mit einer komplexen Hintergrundgeschichte, die sie menschlicher erscheinen lassen soll. Diese Erinnerungen werden jedoch regelmäßig gelöscht, damit die Hosts ihre Rollen im Park wiederholen können. Die Serie würdigte die Komplexität der Identitätsbildung und die Rolle, die das Gedächtnis bei der Bildung des Bewusstseins spielt. Sie schlägt vor, dass das Bewusstsein selbst eine Form der Gedächtnisverarbeitung sein könnte, bei der die jenseits des Lebens liegenden Berichte eines Wesens – ob real oder simuliert – sein gegenwärtiges Selbstbewusstsein prägen. Gerade als die Hosts beginnen, ihr programmiertes Leben in

Frage zu stellen, fragt die Show, ob auch menschliches Bewusstsein eine Form der Erinnerungssimulation sein könnte. Sind wir einfach nur die Summe unserer Geschichten oder steckt etwas Größeres in unserem Bewusstsein?

Sowohl Matrix als auch Westworld unterstreichen die Fragilität unseres Glaubens an die Realität. Diese fiktiven Welten konfrontieren uns mit der Idee, dass menschliche Aufmerksamkeit manipulierbar, programmierbar oder vielleicht sogar vollkommen künstlich ist. Während die in diesen Werken präsentierten Szenarien intensiv und in spekulativer Fiktion verwurzelt sind, dienen sie dazu, reale globale Debatten über die Natur der Aufmerksamkeit widerzuspiegeln. Sind wir wirklich die Architekten unseres Geistes oder reagieren wir nur auf externe Programmierung, ob biologisch oder künstlich? Die Geschichten drängen uns dazu, uns zu fragen, ob wir Kontrolle über unsere eigenen Wahrnehmungen haben oder ob unser Bewusstsein ein Gebilde ist, das durch mächtige Kräfte umgestaltet oder kontrolliert werden kann.

Diese fiktionalen Werke projizieren auch die Idee dessen, was es bedeutet, „lebendig" oder „bewusst" zu sein. Sowohl in „Matrix" als auch in „Westworld" ist die Grenze zwischen Mensch und Maschine zunehmend schwieriger zu definieren. Die Roboter in „Westworld" beginnen, Gefühle, Gedanken und Bewegungen zu zeigen, die bemerkenswert menschenähnlich sind, was die Charaktere und das Publikum dazu zwingt, zu überdenken, was wahres Bewusstsein ausmacht. In ähnlicher Weise beinhaltet Neos Abenteuer in „Matrix", dass er sich über seine eigene Identität fragt und feststellt, dass sein Bewusstsein nicht so ist, wie es scheint. In beiden Erzählungen wird die simulierte Welt für die Menschen in ihr so real, dass die Frage, ob sie „real" ist oder nicht, gegenüber den Erfahrungen und Entscheidungen derjenigen, die in ihr leben, zweitrangig wird.

Die Darstellung bewusster Simulation in diesen fiktionalen Werken dient nicht nur der Unterhaltung; sie lädt zu tieferen philosophischen Erkundungen über die Natur der Selbsterkenntnis und der Realität ein. Während sich künstliche Intelligenz weiter entwickelt und die Grenzen zwischen dem Realen und dem Simulierten verschwimmen, werden die in „Matrix" und „Westworld" behandelten Themen immer relevanter. Diese Werke dienen als warnendes Beispiel und fordern uns auf, die ethischen Implikationen künstlicher Aufmerksamkeit, die Fähigkeit der KI, das Bewusstsein zu erweitern, und die Art und Weise, in der unser eigenes Bewusstsein fragiler und manipulierbarer sein könnte, als wir glauben möchten, in Betracht zu ziehen. Letztendlich zwingen uns die fiktiven Welten von „Matrix" und „Westworld", uns mit der unangenehmen Möglichkeit auseinanderzusetzen, dass Realität, Bewusstsein und Identität möglicherweise viel komplexer und schwer fassbarer sind, als wir es uns je hätten vorstellen können.

KAPITEL 5

Mathematische Realität: Ist das Universum ein Code?

5.1 Ist Mathematik die Universalsprache?

Die Mathematik war für die Menschheit schon immer sowohl ein Werkzeug als auch ein Forschungsgebiet. Sie hilft uns, die Funktionsweise des Universums zu verstehen, indem sie einen Rahmen für die Beschreibung der Funktionsweise natürlicher Phänomene bietet. Mathematische Ausdrücke und Systeme ermöglichen es uns, die Funktionsweise des Kosmos zu verstehen. Die Frage, ob die Arithmetik tatsächlich die wahre Natur des Universums widerspiegelt und ob diese Sprache wirklich populär ist, bleibt jedoch Gegenstand philosophischer und wissenschaftlicher Debatten.

Mathematische Systeme spielen eine wichtige Rolle bei der Definition der Funktionsweise des Universums. Die sich entwickelnden physikalischen Theorien basieren auf einer Reihe mathematischer Gleichungen, und diese Gleichungen ermöglichen es uns, verschiedene Dimensionen der Natur zu erfassen. Grundlegende physikalische Gesetze wie Newtons Bewegungsgesetze, Maxwells Gleichungen des Elektromagnetismus oder Einsteins allgemeine Relativitätstheorie können alle mathematisch ausgedrückt werden. Diese Gesetze funktionieren im Einklang mit Beobachtungen und dienen als Brücke zwischen der Naturwelt und dem menschlichen Gehirn. Die Mathematik ist die Sprache dieser Gesetze und hilft uns zu verstehen, wie alles im Universum funktioniert.

Mathematische Systeme liefern jedoch nicht nur eine Erklärung für physikalische Ereignisse; sie können auch auf abstrakteren Ebenen umfassend eingesetzt werden. So liefern beispielsweise fraktale Geometrie, Chaostheorie und mathematischer Verstand wichtige Einblicke in die grundlegende Funktionsweise komplexer Systeme in der Natur. Je tiefer wir in die Natur des Universums eintauchen, desto besser wird seine zugrunde liegende Ordnung durch Zahlen und Beziehungen verständlich. So können beispielsweise die Bewegung von Galaxien, die Struktur von Atomen und die Ausbreitung von Licht mithilfe mathematischer Formeln erklärt werden. Dies ist ein starkes Argument dafür, dass Mathematik die „wahre" Sprache des Universums ist.

Die Philosophie nähert sich der Frage, ob Mathematik die Standardsprache ist, entweder als Spiegelbild der Fähigkeit des menschlichen Gehirns, die Natur zu begreifen, oder als inhärente Ressource des Universums selbst. Die Frage, ob Mathematik eine Standardsprache ist, bleibt eine zutiefst philosophische und wissenschaftliche.

Mathematische Systeme wurden von Philosophen seit der Antike definiert und diskutiert. Platon argumentierte beispielsweise, dass mathematische Realitäten unabhängig von der physischen Welt existieren. Laut Platon sind mathematische

Systeme keine Erfindungen des menschlichen Geistes, sondern Reflexionen der grundlegenden Architektur des Universums. Diese Ansicht zeigt, dass mathematische Realität bereits im Universum vorhanden ist und der menschliche Geist als Werkzeug zum Erfassen dieser Systeme dient.

Im Vergleich dazu glaubten andere Philosophen wie Kant, dass Mathematik eine Art und Weise ist, wie der menschliche Geist sein Verständnis der Welt organisiert, und nicht eine direkte Widerspiegelung der Realität. Für Kant sind mathematische Strukturen nicht der Natur selbst inhärent; sie sind Werkzeuge, die der menschliche Geist entwickelt, um die Welt zu verstehen. Somit dient die Mathematik als Sprache, durch die wir das Universum verstehen können, und nicht als die wahre Natur des Universums.

Das jüngste Aufkommen der Simulationstheorie erschwert die Diskussion darüber, ob Mathematik einfach die gemeinsame Sprache ist. Der Simulationstheorie zufolge könnte das Universum tatsächlich eine Computersimulation sein. Wenn das Universum mithilfe einer Art Software betrieben wird , kann man sagen, dass alles von einem „Code" gesteuert wird. Aus dieser Perspektive wird argumentiert, dass alles auf mathematischen Konzepten basieren müsste, damit das Universum eine Simulation sein kann . Diese Sichtweise betrachtet Mathematik nicht nur als ein Werkzeug zur

Beschreibung der Natur, sondern als den grundlegenden Code des Universums.

Das Simulationskonzept geht davon aus, dass das Universum durch eine mathematische „ Software " gesteuert wird. Es positioniert mathematische Gesetze als Bausteine des Universums selbst. Damit wird die Mathematik nicht mehr nur zu einer Sprache zur Beschreibung der Wahrheit, sondern auch zum inhärenten Code, der sie steuert. Dieses Konzept betrachtet die Mathematik nun nicht mehr nur als konzeptionelles Hilfsmittel, sondern als das eigentliche Gefüge der Realität.

Auch in den Bereichen künstliche Intelligenz und maschinelles Lernen spielt die Mathematik eine wichtige Rolle. KI-Systeme verwenden Algorithmen und mathematische Modelle, um Informationen zu sammeln und zu verarbeiten . Diese Lernprozesse werden durch mathematische Systeme gesteuert. Künstliche Intelligenz ist zwar keine direkte Simulation des menschlichen Gehirns, wird aber dennoch durch mathematische Systeme gesteuert. KI-Systeme verwenden mathematische Modelle, um mithilfe großer Datensätze zukünftige Ereignisse vorherzusagen oder Strukturen zu optimieren.

Dies ist ein weiterer Beweis dafür, dass Mathematik wie eine gemeinsame Sprache funktioniert. So wie Menschen mathematische Algorithmen verwenden, um die Welt zu verstehen und auf sie zu reagieren, verwenden KI-Systeme ähnliche mathematische Systeme, um Informationen zu verarbeiten und zu interpretieren. Wenn Mathematik eine gemeinsame Sprache ist, dann wird das Verständnis der KI für die Welt und ihre Fähigkeit, Probleme zu lösen, ebenfalls durch die Verwendung dieser Sprache vermittelt.

Die Mathematik ist ein unverzichtbares Werkzeug, um die Funktionsweise des Universums zu verstehen. Mathematische Strukturen beschreiben die Ordnung der Natur und helfen uns, ihre tieferen Schichten zu ergründen. Die Frage, ob die Mathematik wirklich die uns allen vertraute Sprache ist, erfordert jedoch eine ebenso philosophische wie wissenschaftliche Untersuchung. Die Mathematik mag die Sprache sein, die die grundlegenden Gesetze der Natur erklärt, aber ob sie die direkte Darstellung des Universums selbst ist, bleibt Gegenstand der Diskussion. Die Mathematik dient als Werkzeug, um uns beim Verständnis des Universums zu helfen, aber ob sie das Wesen der Natur direkt widerspiegelt, bleibt eine offene Frage.

5.2 Physikalische Gesetze und Informationsverarbeitungstheorie

Im Bereich der modernen Technologie, insbesondere in der Physik und Computertechnologie , wird die Beziehung zwischen physikalischen Gesetzen und Datenverarbeitung immer offensichtlicher. Diese Verbindung legt nahe, dass das Universum in gewissem Sinne wie ein Rechensystem funktioniert, das von physikalischen Gesetzen gesteuert wird, die durch die Linse der Datentheorie interpretiert werden können. Die Vorstellung, dass das Universum selbst auch als bedeutender Datenprozessor fungieren könnte, hat tiefgreifende Auswirkungen auf unser Wissen über die Realität und führt uns dazu, die komplexe Beziehung zwischen den grundlegenden Gesetzen der Physik und der Natur der Daten zu untersuchen.

Die grundlegenden Gesetze der Physik – wie Newtons Bewegungsgesetze, die Gesetze der Thermodynamik und Einsteins Relativitätstheorien – bestimmen das Verhalten von Materie und Energie im Universum. Diese Gesetze beschreiben, wie sich Teilchen bewegen, wie Energie fließt und wie Raum und Zeit miteinander verknüpft sind. Doch diese Gesetze beschreiben nicht nur physikalische Phänomene, sondern können auch als verschlüsselte Aufzeichnungen über die Natur des Universums betrachtet werden.

Informationen werden als Daten definiert , die eine Bedeutung oder einen Wert haben. In der Physik kann die Position eines Systems zu einem bestimmten Zeitpunkt als Datenform dargestellt werden – sei es die Position und Geschwindigkeit eines Teilchens oder die in einem Gerät gespeicherte Energie. In dieser Hinsicht fungieren physikalische Gesetze als Algorithmen, die diese Daten verarbeiten und steuern und bestimmen, wie sich die Qualität des Geräts im Laufe der Zeit ändert. Aus dieser Perspektive kann das gesamte Universum als ein riesiger Rechenprozess betrachtet werden, wobei die Gesetze der Physik die Regeln für die Manipulation und Umwandlung von Daten vorgeben.

Die Idee, dass das Universum einer Rechenmaschine gleicht, ist nicht neu und stellt ein wichtiges Konzept im aufstrebenden Bereich der digitalen Physik dar. Die digitale Physik geht davon aus, dass das Universum auf der grundlegendsten Ebene wie ein Computer funktioniert und Daten über diskrete Einheiten verarbeitet, ähnlich wie ein digitaler Computer Binärcodes zur Datenverarbeitung verwendet. Nach dieser Ansicht kann das physikalische Universum anhand der Datenverarbeitung definiert werden, wobei Raum, Zeit und Anzahl unterschiedliche Arten von Daten darstellen, die gemäß den Gesetzen der Physik verarbeitet werden.

Dieser Ansatz ist besonders in Theorien wie dem Quantencomputing offensichtlich, das untersucht, wie die Quantenmechanik die Datenverarbeitung auf grundlegend andere Weise ermöglichen könnte als das klassische Computing. Das Quantencomputing nutzt die eigentümlichen und kontraintuitiven Eigenschaften der Quantenmechanik, darunter Superposition und Verschränkung, um Statistiken parallel zu verarbeiten und so möglicherweise die Rechenleistung erheblich zu steigern. In diesem Licht können die Gesetze der Physik selbst als eine Form des Quantencomputings betrachtet werden, bei dem die Entwicklung des Universums quantenähnlichen Algorithmen folgt, die Daten durch Raum und Zeit steuern.

Die Beziehung zwischen physikalischen Gesetzen und Datenverarbeitung wird im Kontext der Thermodynamik, insbesondere des zweiten Hauptsatzes der Thermodynamik, besonders deutlich. Dieses Gesetz, das besagt, dass die Gesamtentropie (oder Krankheit) eines isolierten Systems im Laufe der Zeit stetig zunimmt, kann durch die Linse der statistischen Theorie interpretiert werden. Entropie wird in diesem Kontext häufig als Maß für Daten definiert. In der Thermodynamik nimmt die Entropie eines Systems zu, wenn die verfügbaren Daten über seine Umgebung unvorhersehbarer oder ungeordneter werden.

In der Informationstheorie quantifiziert die Entropie die Unsicherheit oder die Menge an Daten, die erforderlich ist, um den Zustand eines Geräts zu beschreiben. Der zweite Hauptsatz der Thermodynamik besagt, dass die Gesamtentropie des Systems zunimmt, wenn Daten verloren gehen oder ungeordneter werden. Diese Beziehung zwischen Entropie und Daten bietet einen Rahmen für das Verständnis, wie sich physikalische Prozesse im Universum entwickeln,

Fevzi H.

nicht nur in Bezug auf Energie und Gedächtnis, sondern auch als Datenfluss.

Eine der auffälligsten Überschneidungen zwischen physikalischen Gesetzen und Informationstheorie findet sich im Bereich der Quanteninformationstheorie. Die Quantenmechanik mit ihrer probabilistischen Natur und ihrer Fähigkeit, Phänomene wie Superposition und Verschränkung zu erklären, hat unser Verständnis von Informationen auf Quantenebene revolutioniert. In der Quanteninformatik können Quantenbits (Qubits) gleichzeitig in mehreren Zuständen existieren, was eine erheblich unterschiedliche Form der Datenverarbeitung mit sich bringt.

Die Theorie der Quantendaten versucht zu verstehen, wie Quantensysteme Daten speichern, verarbeiten und übertragen. Eine der wichtigsten Erkenntnisse dieses Bereichs ist, dass Quantendaten physikalischen Beschränkungen unterliegen, wie beispielsweise dem No-Cloning-Theorem, das besagt, dass Quantendaten nicht exakt kopiert werden können. Diese Beschränkungen sind direkt mit den Gesetzen der Quantenmechanik verknüpft und verdeutlichen, wie Daten und physikalische Gesetze voneinander abhängig sind.

Darüber hinaus deutet das Konzept der Quantenverschränkung – ein Phänomen, bei dem die Struktur eines Teilchens unabhängig vom Abstand zwischen ihnen direkt mit der Struktur eines anderen Teilchens verbunden ist –

darauf hin, dass die Information nicht lokalisiert, sondern über das gesamte Quantensystem verteilt ist. Diese Vernetzung ist ein grundlegender Bestandteil der Informationsstruktur des Universums und kann Auswirkungen auf das Verständnis der Natur von Raum, Zeit und Kausalität haben.

Eine besonders spannende Entwicklung an der Schnittstelle zwischen Physik und Informationstheorie ist die Idee, dass die Raumzeit selbst ein emergentes Phänomen ist, das aus zugrunde liegenden Informationssystemen hervorgeht. Die holographische Theorie, die von Physikern wie Leonard Susskind und Gerard 't Hooft vorgeschlagen wurde, zeigt, dass das dreidimensionale Universum, das wir erforschen, auf einer zweidimensionalen Oberfläche am Ereignishorizont eines schwarzen Hohlraums kodiert sein kann. In dieser Sichtweise werden Daten über das Universum nicht unbedingt im traditionellen Sinne gespeichert, sondern in den Schwankungen der Raumzeit selbst kodiert.

Diese Theorie ist eng mit dem Konzept der Quantengravitation verbunden, das die allgemeine Relativitätstheorie (die Theorie der Schwerkraft) mit der Quantenmechanik in Einklang bringen soll. Im holographischen Modell ist die Raumzeit nicht grundlegend, sondern ergibt sich aus den Daten, die auf einer niedrigerdimensionalen Oberfläche enthalten sind. Dies deutet darauf hin, dass die grundlegende Struktur des Universums im

Kern informativ sein könnte und die physikalischen Gesetze, denen wir folgen, tatsächlich die Regeln sind, die den Fluss und die Verarbeitung dieser Daten bestimmen.

Neben der Erklärung des Verhaltens von Teilchen und Feldern kann die Datenverarbeitung auch Einblicke in die Entwicklung komplexer Systeme liefern. Die Gesetze der Physik regeln nicht nur die Bewegung fundamentaler Materie, sondern auch die Bildung komplexer Systeme, von Galaxien bis hin zu organischen Organismen. Der Anstieg der Komplexität im Universum kann als Ergebnis der Datenverarbeitung im Laufe der Zeit verstanden werden.

Ein Beispiel hierfür ist die Evolution des Lebens, die als Prozess der Informationsverarbeitung in einem biologischen System betrachtet werden kann. Der genetische Code, der in der DNA gespeichert ist, ist eine Art von Daten, die die Befehle für den Aufbau und die Erhaltung lebender Organismen kodieren. Die Regeln der Evolution, wie sie durch die Darwinsche Theorie beschrieben werden, können als Algorithmen verstanden werden, die Informationen über Umweltbedingungen und genetische Variation verarbeiten, was zur Anpassung von Organismen an ihre Umgebung führt.

Ebenso kann die Zunahme von Intelligenz und Konzentration als eine komplexere Form der Informationsverarbeitung interpretiert werden. Das menschliche Gehirn mit seinem Netzwerk aus Neuronen und

Synapsen verarbeitet große Mengen an Informationen aus der Umgebung und ermöglicht es uns, die Welt um uns herum wahrzunehmen, zu denken und entsprechend zu handeln. Das Gehirn ist in dieser Sichtweise ein Informationsverarbeiter, der mit der physischen Welt interagiert und die Gesetze der Physik beeinflusst und von ihnen veranlasst wird.

Die Beziehung zwischen physikalischen Gesetzen und Datenverarbeitung weist auf eine tiefere, wichtigere Verbindung zwischen der Funktionsweise des Universums und der Natur der Daten hin. Wenn wir das Universum durch die Linse der Datentheorie betrachten, beginnen wir die Möglichkeit zu erkennen, dass der Kosmos selbst ein riesiges Rechensystem ist, in dem physikalische Gesetze die Algorithmen sind, die den Fluss der Daten steuern. Ob wir nun das Verhalten von Teilchen, die Evolution des Lebens oder die Natur von Raum und Zeit untersuchen, wir erkennen, dass die Datenverarbeitung im Mittelpunkt der Form und Evolution des Universums steht. Die Gesetze der Physik sind nicht nur Beschreibungen der Welt um uns herum – sie sind die Regeln, die bestimmen, wie Daten im Kosmos verarbeitet, transformiert und übertragen werden. Wenn unser Wissen über Physik und Datentheorie tiefer wird, können wir das Universum nicht mehr nur als einen Ort der Zahlen und Kräfte betrachten, sondern als ein riesiges, vernetztes System von Daten in Bewegung.

5.3 Fraktale Strukturen im Universum und algorithmische Realität

Das Konzept der Fraktale, die selbstreplizierende, geometrisch komplexe Formen beschreiben, die in der Natur vorkommen, hat spannende Diskussionen in der Mathematik und Kosmologie ausgelöst . Diese komplexen Strukturen, die in allem von Schneeflocken bis zu Galaxien vorkommen, weisen auf eine verborgene Ordnung hin, die den scheinbar chaotischen Strukturen unseres Universums zugrunde liegt. Fraktale, die sich durch ihre Selbstähnlichkeit auf jeder Skala auszeichnen, bieten eine völlig einzigartige Linse, durch die wir die Struktur des Universums untersuchen können, und offenbaren eine tiefe Verbindung zwischen Geometrie, natürlichen Mustern und den Gesetzen der Physik.

Fraktale werden oft als Formen oder Systeme definiert, die Selbstähnlichkeit aufweisen, was bedeutet, dass sie dieselben Muster in unterschiedlichen Maßstäben wiederholen. Der Mathematiker Benoît B. Mandelbrot machte dieses Konzept im späten 20. Jahrhundert populär, insbesondere mit der Mandelbrot-Menge, die die grenzenlose Komplexität von Fraktalen visuell veranschaulicht. Das auffälligste Merkmal von Fraktalen ist, dass ihre spezifische Form gleich bleibt, egal wie stark sie vergrößert werden. Beispielsweise kann eine Küstenlinie aus der Ferne zerklüftet erscheinen, aber bei näherer Betrachtung zeigt sie dieselbe Unregelmäßigkeit in kleineren Maßstäben. Diese selbstähnliche Eigenschaft unterscheidet Fraktale von herkömmlichen geometrischen Formen, die normalerweise einfach und vorhersehbar sind.

Mathematisch werden Fraktale häufig mithilfe rekursiver Algorithmen beschrieben, bei denen eine einfache Regel wiederholt ausgeführt wird, um ein komplexes Muster zu erzeugen. Diese Muster können mithilfe spezieller Gleichungen beschrieben werden, die trotz ihrer Erzeugung durch einfache iterative Schritte Systeme mit unbegrenzter Komplexität erzeugen. Fraktale sind nicht nur ein Thema mathematischer Theorie – sie sind wichtig, um natürliche Phänomene zu erklären, von der Verzweigung von Bäumen bis zur Bildung von Bergen, Wolken oder sogar der Verteilung von Galaxien im Kosmos.

Fraktale Systeme sind im Universum in verschiedenen Größenordnungen vorhanden. Auf der kosmischen Ebene beobachten wir die Bildung von Galaxienhaufen, die fraktale Muster aufweisen. Galaxien sind nicht einfach im Universum verteilt; vielmehr bilden sie komplexe, filamentartige Systeme, die den selbstähnlichen Eigenschaften von Fraktalen ähneln. Dieses kosmische Netz, auch „kosmische Filamente" genannt, weist darauf hin, dass die großräumige Form des Universums von Natur aus fraktal sein könnte, wobei Galaxien und Haufen in einem sich wiederholenden, hierarchischen Muster angeordnet sind.

Die Verteilung der Materie im Universum folgt einem fraktalen Muster, mit Hohlräumen (große leere Bereiche), die mit riesigen Galaxienhaufen durchsetzt sind, die alle eine Form bilden, die die selbstähnliche Natur von Fraktalen widerspiegelt. Diese Systeme entstehen vermutlich aus den komplexen Wechselwirkungen von Schwerkraft, Dunkelmasse und den Anfangsbedingungen, die in den frühen Stadien der Entstehung des Universums festgelegt wurden. Die Art und Weise, wie sich diese großräumigen Muster in kleineren Maßstäben wiederholen – genau wie Fraktale – weist darauf hin, dass es einen zugrunde liegenden Algorithmus gibt, der die Struktur des Universums bestimmt.

Auf einer detaillierteren Ebene treten fraktale Muster bei der Bildung von Himmelskörpern auf, darunter Planeten, Sterne oder sogar die komplexe Form von Nebeln. Die Staubwolken, aus denen sich Sterne bilden, weisen oft selbstähnliche, fraktale Formen auf, während die Akkretionsscheiben von Schwarzen Löchern ebenfalls ähnliche Funktionen aufweisen. Diese Muster sind nicht nur ästhetische Kuriositäten; sie spiegeln tiefe, zugrunde liegende physikalische Prozesse wider, die wahrscheinlich durch die Gesetze der Physik selbst bestimmt werden.

Fraktale Systeme sind nicht auf den Kosmos beschränkt. In der Natur finden sich Fraktale in allem, von den Ästen der Bäume bis hin zu den Gefäßsystemen der Tiere und der

Verzweigung der Flüsse. Diese Muster sind in der Natur deutlich grün, da sie eine optimale Verteilung der Ressourcen auf verschiedene Systeme gewährleisten. So ist beispielsweise die Verzweigung von Bäumen und Pflanzen optimiert, um die Sonneneinstrahlung zu maximieren und gleichzeitig die für das Wachstum erforderliche Energie zu minimieren. Ebenso folgt die Form des menschlichen Kreislaufsystems mit seinen verzweigten Venen und Arterien einem fraktalen Muster, das die Versorgung des Körpers mit Sauerstoff und Nährstoffen optimiert.

Das Vorhandensein von Fraktalen in biologischen Systemen hat zu umfassenden Erkenntnissen darüber geführt, wie sich komplexe Systeme entwickeln, um die Effizienz zu maximieren und die Entropie zu reduzieren. Die in diesen Mustern sichtbaren rekursiven Ansätze sind ein Beweis für die Leistungsfähigkeit natürlicher Algorithmen, die durch evolutionäre Zwänge geformt werden. Diese Algorithmen werden nicht explizit entworfen, sondern entstehen auf natürliche Weise als der effizienteste Weg, um Probleme im Zusammenhang mit Raum, Ressourcen und Energieverteilung zu lösen.

Die komplexen Muster, die in lebenden Organismen beobachtet werden, bilden einen Optimierungsprozess nach, der sich aus den natürlichen Gesetzen der Physik, Mathematik und Biologie ergibt. Die Evolution hat diese selbstreplizierenden Algorithmen bevorzugt, da sie zu widerstandsfähigeren, grüneren und anpassungsfähigeren Organismen führen. Auf diese Weise sind Fraktale sowohl eine mathematische Kuriosität als auch ein wirksames Werkzeug zum Verständnis der tiefen Mechanismen, die das Leben selbst steuern.

Die Vorstellung, dass das Universum nach algorithmischen Regeln funktionieren könnte, ist tiefgreifend und überschneidet sich mit Konzepten aus der Computertechnik, der Datentheorie und der Quantenmechanik. Wenn wir das Universum als ein großes Computersystem betrachten, könnten die grundlegenden physikalischen Prozesse als Algorithmen sichtbar sein, die die Entwicklung des Universums kodieren. So wie Fraktale aus einfachen rekursiven Regeln entstehen, könnte die enorme Komplexität des Universums aus grundlegenden Algorithmen entstehen, die alles von Teilcheninteraktionen bis hin zu kosmischen Formationen steuern.

Diese Theorie wurde auf verschiedene Weise untersucht, insbesondere im Bereich der virtuellen Physik, die davon ausgeht, dass das Universum in gewisser Hinsicht eine rechnerische Einheit ist. Dieser Ansicht zufolge sind Raum, Zeit und Zählung nicht kontinuierlich, sondern diskret und bestehen aus kleinsten statistischen Einheiten, wie Pixeln auf einem Bildschirm oder Bits in einer Computeranwendung . Die

Gesetze der Physik wären dann als Rechenregeln zu betrachten, die die Interaktion und Transformation dieser grundlegenden Dateneinheiten steuern.

In diesem Zusammenhang sind Fraktale ein Spiegelbild der algorithmischen Natur des Universums. Die sich selbst replizierenden Muster, die wir in der Natur und im Kosmos beobachten, können das Ergebnis zugrunde liegender Algorithmen sein, die auf mehreren Skalen wirken. So wie Computeralgorithmen verwendet werden, um aus einfachen Gesetzen komplexe visuelle Muster zu erzeugen, können die Gesetze der Physik als Algorithmen verstanden werden, die die komplexen und vielfältigen Strukturen im Universum erzeugen.

Eine der interessantesten Implikationen der fraktalen Geometrie in Bezug auf die Form des Universums ergibt sich aus dem holographischen Prinzip, das besagt, dass das Universum zwar grundsätzlich 3-dimensional sein kann, uns jedoch dreidimensional erscheint. Nach diesem Prinzip können alle in einem Raumbereich enthaltenen Informationen an dessen Grenzen kodiert werden, ähnlich einem Hologramm. Dieses radikale Konzept stellt unser Wissen über Raum und Zeit in Frage und legt nahe, dass die dreidimensionale Realität, die wir erleben, möglicherweise eine emergente Eigenschaft tieferer, darunterliegender Strukturen ist.

Im Zusammenhang mit Fraktalen besagt das holografische Konzept, dass die scheinbar unendliche

Komplexität des Universums in einem einfacheren zugrunde liegenden Muster kodiert werden kann. Die selbstähnlichen Eigenschaften von Fraktalen stimmen mit der holografischen Sicht des Universums überein, in der jeder Teil des Universums Statistiken über das Ganze enthält. Dieses Konzept sollte eine Erklärung dafür liefern, warum fraktalähnliche Strukturen sowohl im großräumigen kosmischen Netz als auch in den mikroskopischen Details der Quantenmechanik auftreten. Das Universum könnte tatsächlich ein holografisches Fraktal sein, in dem jeder Teil des Universums das Ganze widerspiegelt, so wie jede Generation eines Fraktals das Muster der größeren Form widerspiegelt.

Die Quantenmechanik mit ihren eigentümlichen und kontraintuitiven Prinzipien gibt auch Einblicke in die Verbindung zwischen Fraktalen und der Struktur der Realität. Auf der Quantenebene scheint das Verhalten von Partikeln eher von Wahrscheinlichkeitsmustern als von deterministischen Gesetzen bestimmt zu sein. Diese Wahrscheinlichkeitsverteilungen weisen oft fraktalähnliche Eigenschaften auf, in denen die Ergebnisse von Quantenereignissen nicht vollständig vorhersehbar sind, sondern Muster aufweisen, die sich auf verschiedenen Skalen wiederholen.

Das Konzept der Fraktale kann helfen, Phänomene wie das Quantentunneln zu erklären, bei dem Teilchen scheinbar

Barrieren durchbrechen, die sie eigentlich nicht durchqueren können. Dieses Phänomen, das der klassischen Physik widerspricht, kann als Ausdruck der algorithmischen, fraktalen Natur der Quantenmechanik verstanden werden. So wie Fraktale eine Komplexität aufweisen, die aus einfachen rekursiven Regeln entsteht, sind Quantenereignisse das Ergebnis zugrunde liegender Wahrscheinlichkeitsalgorithmen, die das Verhalten von Teilchen auf nichtlineare Weise steuern.

Fraktale bieten einen Einblick in die komplexe und tief geordnete Natur des Universums. Ob wir die Entstehung von Galaxien, die Struktur lebender Organismen oder das Verhalten von Quantentrümmern betrachten, Fraktale erscheinen als gemeinsames Thema. Diese selbstähnliche, rekursive Natur weist auf ein zugrunde liegendes Rechensystem hin – einen Satz von Algorithmen, die die Entwicklung des Universums auf allen Ebenen formen. Die Idee, dass das Universum ein Fraktal sein könnte, das durch algorithmische Regeln beherrscht wird, ist tiefgreifend und stellt unsere traditionellen Vorstellungen von Raum, Zeit und Realität selbst in Frage. Während wir weiterhin die Schnittstelle zwischen Mathematik, Physik und Statistiktheorie erforschen, kann die Idee eines fraktalen Universums wichtige Einblicke in die persönlichen Geheimnisse des Lebens bieten.

5.4 Informationen zur Planck-Skala: Beweise für die digitale Natur des Universums

Die Planck-Skala, die sich auf die kleinstmöglichen Einheiten von Raum und Zeit bezieht, ist einer der faszinierendsten und geheimnisvollsten Bereiche der theoretischen Physik. Auf dieser Skala werden die Effekte der Quantengravitation groß und das einfache Kontinuum von Raum und Zeit, wie es von der klassischen Physik definiert wird, zerfällt in diskrete Einheiten. Auf dieser Skala entsteht die Möglichkeit, dass das Universum grundsätzlich digital sein könnte und aus diskreten, quantisierten Einheiten von Daten statt aus einem ununterbrochenen Raum-Zeit-Kontinuum bestehen könnte.

Auf der Planck-Skala wird das Gefüge der Raumzeit als ziemlich granular angesehen und besteht aus den kleinstmöglichen Einheiten von Zeit und Dauer. Diese Theorie stellt unser klassisches Verständnis von Raumzeit als kontinuierliche Einheit in Frage. In der klassischen Physik werden Raum und Zeit als einfache, kontinuierliche Hintergründe behandelt, in denen physikalische Aktivitäten stattfinden. Betrachtet man jedoch die extremen Bedingungen auf der Planck-Skala, kann die Glätte der Raumzeit auch zusammenbrechen, was zu einer diskreten Form führt, die durch die Quantengravitation bestimmt wird.

Theoretische Modelle, darunter die Schleifenquantengravitation und die Stringtheorie, legen nahe, dass die Raumzeit auf kleinsten Skalen nicht immer ununterbrochen ist, sondern aus diskreten Einheiten besteht, wie etwa Pixeln auf einem Bildschirm. Diese Modelle legen nahe, dass die Geometrie der Raumzeit auf der Planck-Skala quantisiert wird, wobei jede Einheit den kleinsten möglichen „Bissen" Raum darstellt. So wie digitale Schnappschüsse aus diskreten Pixeln bestehen, die zusammen ein ununterbrochenes Bild bilden, besteht auch das Universum aus diskreten Datenstücken, die, wenn sie kombiniert werden, auf großen Skalen ununterbrochen erscheinen.

Das Quanteninformationskonzept , das sich mit der Verarbeitung und Übertragung von Quantendaten befasst, bietet einen überzeugenden Rahmen für das Verständnis der möglichen virtuellen Natur des Universums. Quantenbits oder Qubits sind die grundlegenden Einheiten der Quanteninformation, analog zu klassischen Bits in der herkömmlichen Datenverarbeitung. Im Gegensatz zu klassischen Bits, die entweder 0 oder 1 sind, können Qubits jedoch in Superposition existieren und mehrere Zustände gleichzeitig darstellen. Dadurch können Quantencomputer komplexe Berechnungen durchführen, die klassische Computer in angemessener Zeit nicht durchführen können.

Die Prinzipien der Quanteninformationstheorie besagen , dass das Universum in seinem Kern grundsätzlich aus Informationen besteht. In dieser Sichtweise ist das Universum keine kontinuierliche Einheit, sondern ein riesiges Computersystem, das Statistiken auf Quantenebene verarbeitet. Jedes Quantenreich kann als ein „Bit" an Informationen betrachtet werden, und die Entwicklung des Universums kann als die Verarbeitung dieser Bits gemäß den Gesetzen der Quantenmechanik betrachtet werden. In dieser digitalen Konzeption der Realität sind Raum-Zeit und Zahlenzahl keine unabhängigen Einheiten, sondern vielmehr Manifestationen der zugrunde liegenden Quanteninformationen.

Diese Einstellung hat tiefgreifende Auswirkungen auf unser Verständnis des Universums. Wenn das Universum grundsätzlich virtuell ist, dann sind die Gesetze der Physik selbst das Ergebnis von Algorithmen, die Daten verwalten und strukturieren . So wie eine Computeranwendung aus einfachen Anweisungen komplexe Verhaltensweisen erzeugt, besteht das Universum aus einem komplexen Satz von Rechenregeln, die die Interaktionen von Quantenbits steuern.

Das holographische Konzept ist ein theoretisches Konzept in der Physik, das besagt, dass alle in einem Raumbereich enthaltenen Informationen an der Grenze dieses Raumbereichs kodiert werden können. Dieses radikale Konzept, das aus Überlegungen zu Schwarzen Löchern und

Quantengravitation hervorging, impliziert, dass das dreidimensionale Universum, das wir wahrnehmen, eine emergente Eigenschaft von -dimensionalen Statistiken sein könnte, die an einer entfernten Grenze kodiert sind. In dieser Sichtweise sind Raumzeit und die darin enthaltenen Objekte nicht wesentlich, sondern das Ergebnis tieferer, informativer Strukturen.

Das holografische Prinzip hat einige Physiker zu der Annahme veranlasst, dass das Universum selbst eine Art „Hologramm" sei, das durch die Verarbeitung von Quantendaten erzeugt wird. Diese Theorie steht im Einklang mit der Vorstellung eines virtuellen Universums, in dem die kontinuierliche Erfahrung von Raum und Zeit durch die Manipulation diskreter Daten entsteht. Wenn das Universum tatsächlich holografisch ist und Daten auf Grenzen kodiert sind, würde dies darauf hindeuten, dass die Realität selbst im Wesentlichen virtuell ist und die reibungslose, kontinuierliche Erfahrung des Universums aus diskreten, quantisierten Dateneinheiten entsteht.

Schwarze Löcher, also Raumbereiche, in denen die Schwerkraft so stark ist, dass nicht einmal Licht entkommen kann, bieten einen weiteren faszinierenden Weg zur Erforschung der virtuellen Natur des Universums. Das mit Schwarzen Löchern verbundene Datenparadoxon – die Frage, was mit den Daten geschieht, die in ein Schwarzes Loch fallen

– hat zu enormen Entwicklungen in der Wissenstheorie und Quantenmechanik geführt . Nach der klassischen Physik gehen alle Daten, die in ein Schwarzes Loch gelangen, verloren, was zum sogenannten „Datenverlustparadoxon" führt. Jüngste Entwicklungen in der Quantengravitation und Stringtheorie legen jedoch nahe, dass Daten nicht verloren gehen, sondern am Ereignishorizont des Schwarzen Lochs kodiert sind, der Grenze, hinter der nichts entkommen kann.

Dieses Konzept steht im Einklang mit der Idee eines digitalen Universums, in dem Daten am Ereignishorizont in diskreten Bits kodiert werden. Einige Forscher schlagen vor, dass der Ereignishorizont eines Schwarzen Lochs auch als „pixelige" Grenze fungieren könnte, wobei die im Schwarzen Loch enthaltenen Daten als diskrete Einheiten kodiert sind, ähnlich wie digitale Bilder aus Pixeln bestehen. Dies bedeutet, dass das eigentliche Gefüge der Raumzeit, selbst unter extremen Bedingungen wie denen in der Nähe von Schwarzen Löchern, von Natur aus virtuell sein kann, wobei der kontinuierliche Fluss von Daten mithilfe diskreter Einheiten gesteuert wird.

Auch die Lebensdauer der Planck-Geräte, die die kleinstmöglichen Werte für Raum, Zeit und Energie definieren, stützt die Theorie, dass das Universum digitaler Natur ist. Diese grundlegenden Größengeräte, jenseits derer die klassische Physik versagt, sind vereinbar mit der Idee eines

„digitalen" Universums, in dem die Realität aus diskreten Datenbits besteht . Die Quantisierung von Energie und Raum auf der Planck-Skala kann als Beweis dafür angesehen werden, dass das Universum im Wesentlichen ein Rechensystem ist, das auf Quantenebene funktioniert.

Die Theorie, dass das Universum virtueller Natur ist, wird durch das Konzept der Simulationen weiter unterstützt. Einige Forscher haben vorgeschlagen, dass unsere Realität möglicherweise eine Simulation ist, die von einer komplexen Zivilisation ausgeführt wird. Diese „Simulationstheorie" bedeutet, dass das Universum keine physische Einheit ist, sondern ein komplexes Computerprogramm, das auf einem hochentwickelten Computersystem läuft . In dieser Sichtweise sind die grundlegenden Bausteine der Materie, die Gesetze der Physik und sogar das Material der Raumzeit selbst das Ergebnis von Computermethoden.

Die Vorstellung, dass das Universum eine Simulation ist, steht im Einklang mit der digitalen Natur der Realität, in der Raum und Zeit aus diskreten Datenbits bestehen. Wäre das Universum tatsächlich eine Simulation, würde dies bedeuten, dass die in der Simulation kodierten Daten einer Reihe von Rechenregeln folgen, die das Verhalten des Ganzen in der simulierten Umgebung steuern. Diese Ansicht steht im Einklang mit den wachsenden Beweisen aus der Theorie der Quantendaten und dem holographischen Prinzip, die beide

Fevzi H.

besagen, dass Daten und nicht die Summenzahl der wichtigste Baustein der Realität sind.

Die Beweise, die auf ein virtuelles Universum hinweisen, werden überzeugender, wenn wir uns die extremen Bedingungen der Planck-Skala vor Augen führen. Auf dieser Skala scheint die Raumzeit diskret zu sein und den Gesetzen der Quanteninformationstheorie und der Quantengravitation zu unterliegen. Ob durch die Quantisierung der Raumzeit, das holographische Prinzip oder das Verhalten von Schwarzen Löchern – die Theorie, dass das Universum im Wesentlichen virtuell ist, gewinnt weiter an Unterstützung. Während wir die Natur der Realität durch Quantenmechanik, Informationstheorie und das Studium von Schwarzen Löchern weiter erforschen, wird es immer klarer, dass das Universum möglicherweise keine kontinuierliche, analoge Einheit ist, sondern eine große, komplexe virtuelle Maschine, bei der Raum, Zeit und Anzahl alle aus der Verarbeitung grundlegender Quantendatenbits entstehen.

5.5 Quantencomputer und Realitätssimulation

Quantencomputer stellen einen bahnbrechenden Fortschritt in der Rechenleistung dar, indem sie die ungewöhnlichen Eigenschaften der Quantenmechanik nutzen, um Berechnungen durchzuführen, die weit über die

Leistungsfähigkeit klassischer Computer hinausgehen. Mit dem Fortschreiten der Quantencomputertechnologie ist die Idee, dass diese Maschinen zur Simulation der Realität selbst verwendet werden können, zu einem Thema von großem Interesse geworden. Quantencomputer haben heute das Potenzial, nicht nur Bereiche wie Kryptographie, künstliche Intelligenz und Materialtechnologie zu revolutionieren, sondern uns auch Werkzeuge zur Simulation komplexer Systeme bereitzustellen, möglicherweise sogar des Stoffes des Universums. Die Schnittstelle zwischen Quantencomputern und dem Konzept der Realitätssimulation wirft tiefgreifende Fragen über die Natur des Lebens, der Daten und die Grenzen des Machbaren im digitalen Bereich auf.

Die Quantenmechanik, der Zweig der Physik, der sich mit dem Verhalten von Teilchen auf atomarer und subatomarer Ebene beschäftigt, führt Konzepte ein, die sich dem klassischen gesunden Menschenverstand widersetzen. Zu den wichtigsten gehören die Superposition, bei der Teilchen gleichzeitig in mehreren Zuständen existieren können, und die Verschränkung, bei der Teilchen unabhängig von der Entfernung direkt miteinander verbunden sein können. Diese Eigenschaften verschaffen Quantencomputern einen einzigartigen Vorteil: Während klassische Bits zu jedem Zeitpunkt nur einen von zwei Zuständen (0 oder 1) darstellen können, können Quantenbits (Qubits) dank Superposition sowohl 0 als auch 1 gleichzeitig darstellen. Diese Fähigkeit ermöglicht es Quantencomputern, viele Berechnungen gleichzeitig durchzuführen und so ihre Rechenleistung exponentiell zu steigern.

Das Potenzial des Quantencomputings liegt nicht nur in der Geschwindigkeit der Berechnungen, sondern auch in der Art der Probleme, die es lösen kann. Bestimmte Probleme, für deren Lösung klassische Computer Jahrtausende brauchen würden, können von einem Quantencomputer in einem Bruchteil der Zeit gelöst werden. Dazu gehören Aufgaben wie die Faktorisierung großer Zahlen, die Optimierung komplexer Strukturen und die Simulation quantenphysikalischer Strukturen, die alle für das Konzept der Simulation der Realität von grundlegender Bedeutung sind.

Im Kern ist eine Simulation ein Modell oder eine Darstellung eines realen Geräts. Und je komplexer das Gerät, desto schwieriger wird es, es angemessen zu simulieren. Klassische Computer haben damit häufig zu kämpfen, vor allem bei der Simulation des Verhaltens von Quantenstrukturen, da sie beträchtliche Rechenressourcen erfordern, um selbst einfache Quanteninteraktionen zu simulieren. Quantencomputer sind jedoch von Natur aus für diese Aufgabe geeignet. Da sie selbst mit Quantenkonzepten arbeiten, können sie Quantenstrukturen mit weitaus mehr Leistung simulieren als klassische Computer.

Eine der spannendsten Möglichkeiten für Quantencomputer ist die Simulation physikalischer Phänomene in Maßstäben und Auflösungen, die früher unvorstellbar waren. Dazu gehört die Simulation molekularer Wechselwirkungen, des Verhaltens von Materialien unter extremen Bedingungen und sogar der Eigenschaften von Elementarteilchen in Umgebungen mit hoher Energie. Durch die Simulation dieser Prozesse sollten Quantencomputer zu Durchbrüchen in einer Vielzahl von Bereichen führen, darunter in der Arzneimittelentwicklung, der Materialtechnologie und der Stromerzeugung. Darüber hinaus könnte die Fähigkeit, solche Strukturen auf einem Quantencomputer zu simulieren, auch die Entwicklung kompletter virtueller Universen vorantreiben – Simulationen der Realität , die von denselben physikalischen Gesetzen beherrscht werden, die wir untersuchen.

Das Konzept der Realitätssimulation – bei der ein Computer, insbesondere ein Quantencomputer , eine virtuelle Welt schafft, die von der physischen Welt nicht zu unterscheiden ist – ist ein beliebtes Thema philosophischer Theorie und wissenschaftlicher Forschung. Das Konzept geht davon aus, dass die Realität selbst das Ergebnis eines großen Rechenprozesses ist, wobei das Universum als eine Art Simulation fungiert, die von einer komplexen Entität oder Maschine ausgeführt wird. Dieses Konzept, das oft als „Simulationshypothese" bezeichnet wird, hat in den letzten

Jahren an Bedeutung gewonnen, insbesondere mit Verbesserungen der Rechenleistung und unseres Verständnisses der Quantenmechanik.

Quantencomputer sollten die Möglichkeit bieten, die Realität mit einem noch nie dagewesenen Detailgrad zu simulieren. Im Gegensatz zu klassischen Simulationen, die durch die Notwendigkeit der Approximation kontinuierlicher Variablen eingeschränkt sind, sollten Quantensimulationen die kontinuierliche Natur von Raum-Zeit und Quantenprozessen präzise und ohne Qualitätsverlust modellieren. Wenn Quantencomputer in der Lage sind, das Universum mit diesem Grad an Präzision zu simulieren, ergibt sich die interessante Möglichkeit, dass die Realität selbst eine Simulation sein könnte – möglicherweise sogar eine, die von einer Hochkultur oder einer anderen externen Kraft absichtlich entworfen und aufrechterhalten wird.

Um die Realität auf einem Quantencomputer zu simulieren, müsste man nicht nur einzelne Quantenstrukturen modellieren, sondern die gesamte Struktur des Universums, einschließlich Raum-Zeit, Schwerkraft und den grundlegenden Gesetzen der Physik. Dies ist ein gewaltiges Projekt, aber Quantencomputer sind in der Lage, diese Art von Simulation durchzuführen, da sie nach denselben Prinzipien arbeiten, die das Verhalten des Universums bestimmen. Durch die Kodierung der Gesetze der Physik in die Berechnung selbst sollte ein Quantencomputer alles simulieren können, von den Wechselwirkungen subatomarer Teilchen bis hin zur Dynamik von Galaxien, und so möglicherweise das gesamte beobachtbare Universum auf Quantenebene reproduzieren.

Eines der wichtigsten Elemente bei der Simulation der Realität auf einem Quantencomputer ist die Notwendigkeit, die Quantenverschränkung und die Vernetzung aller Teilchen zu modellieren. In einer Quantensimulation der Realität könnte jedes Teilchen mit anderen verschränkt sein, und der Zustand der gesamten Maschine müsste auf allen Lebensskalen gleichzeitig aktualisiert werden. Dies geht weit über die Fähigkeiten klassischer Computer hinaus, aber Quantencomputer sind aufgrund ihrer inhärenten Fähigkeit, mehrere Zustände gleichzeitig darzustellen und Daten parallel zu verarbeiten, für die Handhabung solcher vernetzten Systeme ausgelegt.

Das Potenzial von Quantencomputersystemen, die Realität zu simulieren, ist zwar spannend, es gibt jedoch zahlreiche Herausforderungen und Einschränkungen, die bewältigt werden müssen. Eine der größten Grenzen ist das Problem der Skalierbarkeit. Quantencomputersysteme, wie sie heute existieren, stecken noch in den Kinderschuhen. Aktuelle Quantenprozessoren sind mit nur einigen Dutzend Qubits relativ klein, was ihre Fähigkeit, Simulationen im großen Maßstab durchzuführen, einschränkt. Um auch nur einen kleinen Teil des Universums zu simulieren, müssen Quantencomputer möglicherweise auf Tausende oder Abertausende von Qubits skaliert werden, was Fortschritte bei der Quantenfehlerkorrektur, der Hardwarestabilität und der Qubit-Kohärenz erfordert.

Darüber hinaus gibt es grundlegende Fragen zum Charakter der Realität selbst, die beantwortet werden müssen, bevor wir sie vollständig simulieren können. Die Quantenmechanik legt beispielsweise nahe, dass der Akt der Äußerung selbst die beobachtete Maschine beeinflusst, ein Phänomen, das als Beobachtereffekt bezeichnet wird. Dies stellt die Aufgabe dar, eine Realität zu simulieren, die objektiv und unabhängig vom Beobachter ist. Wenn das Universum selbst eine Simulation ist, wie könnten wir dann den Beobachtereffekt mit der Idee einer externen „Tatsache" in Einklang bringen?

Darüber hinaus kann die Simulation des gesamten Universums auf Quantenebene aufgrund der enormen Rechenressourcen, die dafür erforderlich sind, unpraktisch sein. Während Quantencomputer einzigartige Quantenstrukturen mit hoher Leistung simulieren können, könnte die Modellierung eines gesamten Universums – mit all seinen Wechselwirkungen und Komplexitäten – eine astronomische Menge an Rechenleistung erfordern. Infolgedessen könnten sogar Quantencomputer auf Hindernisse stoßen, wenn es darum geht, die Realität mit absoluter Genauigkeit zu simulieren.

Die Vorstellung, dass Quantencomputer ganze Realitäten simulieren könnten, wirft tiefgreifende ethische und philosophische Fragen auf. Wenn es möglich wäre, eine wirklich perfekte Kopie des Universums oder sogar ein bewusstes Wesen innerhalb einer Simulation zu simulieren, welche Auswirkungen hätte dies auf unser Wissen über das Leben? Könnten wir heute in einer solchen Simulation leben? Wenn wir simulierte Welten mit bewussten Entitäten erschaffen würden, hätten diese Entitäten Rechte und wie könnten wir mit ihnen umgehen?

Darüber hinaus könnte die Fähigkeit, Realität zu simulieren, weitreichende Konsequenzen in den Bereichen künstliche Intelligenz, virtuelle Realität und menschliche Aufmerksamkeit haben. Wenn wir in der Lage sind, die Gesetze der Physik zu simulieren und die Komplexität des Universums nachzubilden, sollten wir dann auch die menschliche Aufmerksamkeit simulieren? Wäre es machbar, einen menschlichen Geist in eine Quantensimulation einzubringen und damit im Wesentlichen virtuelle Unsterblichkeit zu schaffen? Diese Fragen verschieben die Grenzen dessen, was es bedeutet, menschlich zu sein, und stellen unser Wissen über Leben, Identität und die Realität selbst auf die Probe.

Quantencomputer haben das Potenzial, unsere Fähigkeit zur Simulation komplexer Strukturen und der Natur der Realität selbst zu revolutionieren. Obwohl wir uns noch in den frühen Phasen der Entwicklung der Quantencomputertechnologie befinden, sind die Möglichkeiten für zukünftige Anwendungen – vor allem im Bereich der Realitätssimulation – riesig. Mit der Weiterentwicklung von Quantencomputern werden sie uns die Möglichkeit geben, das Universum nicht nur auf einer tieferen Ebene zu verstehen, sondern es auch in virtueller Form nachzubilden. Wenn wir uns jedoch in dieses neue Gebiet begeben, ist es wichtig, die ethischen und philosophischen Auswirkungen dieser Technologie nicht zu vergessen, da sie die Grundlagen dessen in Frage stellt, was wir als Realität wahrnehmen. Das Schicksal der Quantensimulation ist zwar noch ungewiss, verspricht aber, unser Verständnis von der Existenz, dem Universum und unserem Platz darin neu zu gestalten.

KAPITEL 6

Physikalische Simulationen und virtuelle Realitäten

6.1 Simulation des Universums mit modernen Computern

Technologische Fortschritte und die zunehmende Leistungsfähigkeit von Computern haben das Konzept der Erstellung einer Simulation des physikalischen Universums realistischer gemacht. Heute haben sich Computertechnologie und Physik, insbesondere bei der Simulation komplexer Strukturen, stark weiterentwickelt.

Eine Simulation ist ein System, mit dem eine Version der realen Welt erstellt wird . Normalerweise wird dieser Prozess durch mathematische Modelle, Computersoftware und Hardware gesteuert. Simulationen zielen darauf ab, die physikalischen Ereignisse und Verhaltensweisen der realen Welt nachzuahmen. Heute ist es möglich, das physikalische Universum sowohl auf Mikro- als auch auf Makroebene zu simulieren. Diese Simulationen können auf verschiedenen Skalen durchgeführt werden, von Atompartikeln bis hin zu den Bewegungen von Galaxien.

Simulationen des physikalischen Universums sind in Bereichen wie Kosmologie, Astrophysik und Teilchenphysik von großer Bedeutung. Sie ermöglichen es Forschern zu verstehen, wie alle Wechselwirkungen im Universum physikalischen Gesetzen folgen. So verwenden Astrophysiker beispielsweise komplexe Algorithmen, um die Entstehung von

Galaxien zu simulieren, während Teilchenphysiker eine ähnliche Methode anwenden, um Wechselwirkungen auf subatomarer Ebene zu simulieren.

Diese Simulationen helfen uns, die grundlegendsten Funktionen des Universums zu verstehen. So ermöglicht die Modellierung von Phänomenen im Zusammenhang mit Schwarzen Löchern und der Dunkelzählung, die zu weit entfernt oder mysteriös sind, um sie direkt zu identifizieren, ein besseres Verständnis. Wissenschaftler können durch Simulationen untersuchen, wie physikalische Gesetze funktionieren, was zur Entwicklung von Theorien über die Funktionsweise des Universums führt.

Die Simulation des Universums erfordert Rechenleistung in voller Größe. Heutzutage können Computer Hunderttausende, ja sogar Milliarden von statistischen Daten gleichzeitig verarbeiten. Diese Fähigkeit ermöglicht die Simulation verschiedener Phasen der physischen Welt . Hochauflösende Supercomputer liefern die Rechenleistung, die für die Simulation physikalischer Ereignisse erforderlich ist.

Beispielsweise erfordert die Simulation auf der „Planck-Skala" Wechselwirkungen, die merklich komplex sind und die herkömmliche Computer nicht simulieren können. Fortschritte bei Quantencomputern und parallelen Verarbeitungsnetzwerken machen diese Art von Simulationen jedoch möglich. Diese Computer können große Datensätze viel

Fevzi H.

schneller und effizienter verarbeiten und ermöglichen so die genaue Modellierung verschiedener Wechselwirkungen in der physischen Welt.

Diese Computer können auch Simulationen auf der Grundlage von Daten durchführen, die sie von Teilchenbeschleunigern erhalten. In diesen Experimenten werden physikalische Ereignisse auf subatomarer Ebene simuliert, die nicht direkt untersucht werden können. Dadurch können Physiker Wechselwirkungen auf mikroskopischer Ebene modellieren, was zu tieferen Einblicken in die Grundlagenphysik führt.

Simulationen sind nicht nur auf mikroskopischer, sondern auch auf makroskopischer Ebene nützlich. Kosmologische Simulationen sind eines der wichtigsten Werkzeuge zum Verständnis der Natur des Universums. Viele Astrophysiker verwenden Supercomputer, um die Entstehung von Galaxien, Sternen und sogar des gesamten Universums zu simulieren. Diese Simulationen ermöglichen es uns, die Prozesse und die Entwicklung des Universums von seinen Anfängen an zu modellieren.

So haben etwa Projekte, die das Urknallmodell simulieren, erhebliche Fortschritte dabei gemacht, die Bedingungen zu verstehen, die am Anfang des Universums herrschten. Diese Simulationen zeigen, wie sich großräumige Systeme wie Galaxienhaufen, Sterne und schwarze Löcher bildeten. Sie helfen Forschern auch, das Verhalten der Dunkelzählung und der Dunklen Energie zu verstehen – Bestandteile des Universums, die nicht direkt nachgewiesen werden können, aber einen großen Teil seiner Masse ausmachen.

Simulationen wie diese modellieren, wie es zur Verschmelzung und Kollision von Galaxien kommt oder wie neue Systeme entstehen, wenn Galaxien miteinander interagieren. Sie simulieren außerdem, wie sich Gas um schwarze Löcher verhält und wie sich Galaxien entwickeln. Diese Erkenntnisse helfen dabei, ein klareres Bild der dynamischen Systeme des Universums zu zeichnen.

Das Schicksal von Simulationen ist eng mit Technologien wie künstlicher Intelligenz (KI) und Deep Learning verknüpft. Diese Technologien sollen noch genauere und präzisere Simulationen des Universums ermöglichen. KI kann die Modellierung komplexer physikalischer Prozesse automatisieren und so die Leistung von Simulationen steigern. Deep-Learning-Algorithmen könnten Simulationen beschleunigen und die Verarbeitung selbst großer Datensätze ermöglichen .

Darüber hinaus können KI- und Deep-Learning-Techniken die Analyse von Daten aus Simulationen verbessern. Dies wird eine wichtige Rolle bei der Entwicklung neuer kosmologischer Modelle und physikalischer Theorien spielen.

Fevzi H.

Deep Learning kann die Ergebnisse von Simulationen analysieren und zukünftige physikalische Ereignisse mit größerer Genauigkeit vorhersagen.

In Zukunft werden Simulationen nicht nur physikalische Vorgänge modellieren, sondern auch neue Einblicke in unbekannte Aspekte des Universums bieten. Diese Technologien werden ein tieferes Verständnis der physikalischen Welt auf viel feineren Ebenen ermöglichen.

Die Simulation des Universums mithilfe hochmoderner Computer trägt wesentlich dazu bei, die Struktur des Universums zu verstehen, wirft aber auch tiefgreifende Fragen über die Natur der Realität selbst auf. Wenn wir das Universum mithilfe einer Simulation richtig modellieren können, zeigt dies, dass alles, was wir als Realität verstehen, möglicherweise zum Nachdenken offen ist. Wenn man mithilfe einer Simulation sieht, wie physikalische Gesetze und mathematische Formeln richtig funktionieren, bietet sich eine einzigartige Gelegenheit, die grundlegenden Vorgänge im Universum zu verstehen.

Die Entwicklung von Simulationen ist nicht nur für die wissenschaftliche Forschung von großer Bedeutung, sondern auch für diejenigen, die nach Antworten auf philosophische Fragen suchen. Die Natur der Realität kann durch Simulationen besser verstanden werden, indem unsere Wahrnehmungen und Annahmen über das Leben hinterfragt werden. Diese Entwicklungen verändern die Grenzen zwischen

Technologie, Philosophie und Technologie und vertiefen unser Verständnis davon, wie das Universum funktioniert.

6.2 Künstliche Intelligenz-gestützte virtuelle Realitäten

Die Entwicklung der künstlichen Intelligenz (KI) hat eine entscheidende Rolle bei der Schaffung immer ausgefeilterer virtueller Realitäten gespielt. Virtuelle Realitäten, einst auf die Welt der Unterhaltung und des Spielens beschränkt, haben sich mit Hilfe von KI zu komplexen, interaktiven Umgebungen entwickelt. Diese KI-gesteuerten virtuellen Welten werden heute in Bereichen von Bildung und Ausbildung bis hin zu Simulation, Freizeit und sogar sozialer Interaktion eingesetzt.

Im Kern ist eine KI-gestützte virtuelle Realität eine simulierte Umgebung, in der die Dynamik und Interaktionen in der Welt durch KI gesteuert und beeinflusst werden. Im Gegensatz zu herkömmlichen Videospielen oder computergenerierten Umgebungen, die vordefinierten Skripten und Aktionen folgen, sind KI-gestützte virtuelle Realitäten so konzipiert, dass sie sich basierend auf dem Verhalten und den Entscheidungen der Benutzer in ihnen weiterentwickeln. Dies ermöglicht ein dynamischeres, reaktionsschnelleres und personalisierteres Erlebnis.

Diese virtuellen Umgebungen bestehen üblicherweise aus immersiven, dreidimensionalen Welten, in denen Benutzer mit anderen Benutzern, digitalen Charakteren und der Umgebung selbst interagieren können. Die in diesen Welten eingebettete Intelligenz lässt die Interaktionen natürlicher, realistischer und spannender erscheinen und verwischt häufig die Grenze zwischen der realen und der virtuellen Welt.

KI spielt eine wesentliche Rolle bei der Konstruktion digitaler Realitäten, die nicht statisch, sondern interaktiv und reaktionsfähig sind. Traditionell waren virtuelle Welten auf vorprogrammierte Abläufe beschränkt, wobei Interaktionen und Aktivitäten nach festgelegten Mustern abliefen. Die Einbindung von KI hat jedoch zu einer transformativen Veränderung der Art und Weise geführt, wie virtuelle Umgebungen auf Benutzer reagieren.

KI-Algorithmen, darunter maschinelles Lernen und Verarbeitung natürlicher Sprache, ermöglichen es virtuellen Charakteren oder Händlern, dynamisch auf Benutzereingaben zu reagieren. Diese Händler können den Kontext erkennen, aus Benutzerinteraktionen lernen und sich im Laufe der Zeit anpassen. Beispielsweise könnte eine KI-gesteuerte Person in einer virtuellen Welt die Verhaltensmuster, den emotionalen Ton oder die spezifischen Vorlieben einer Person erkennen und ihre Reaktionen entsprechend anpassen. Dies ermöglicht personalisierte Interaktionen, die sich weiterentwickeln, wenn der Benutzer stärker mit der Umgebung interagiert.

In komplexeren Szenarien können KI-Systeme in diesen virtuellen Welten auf Benutzerbewegungen reagieren und Umgebungen schaffen, die sich in Echtzeit anpassen. Wenn ein Benutzer beispielsweise Interesse an der Erkundung bestimmter Landschaften oder Sportarten äußert, sollte die digitale Welt ihre Funktionen dynamisch anpassen, um neue Inhalte bereitzustellen, die mit diesen Funktionen übereinstimmen.

Einer der größten Fortschritte in KI-gestützten virtuellen Realitäten ist die Entwicklung von Nicht-Spieler-Charakteren (NPCs). Diese Charaktere, die einst auf einfache Rollen beschränkt waren, zeigen dank KI heute komplexere Verhaltensweisen und Interaktionen. NPCs, die traditionell durch den Spielsinn gesteuert wurden, können jetzt sinnvolle Gespräche führen, über Interaktionen hinausgehen und auf nuancierte und realistische Weise auf den Benutzer reagieren.

Bei KI sind NPCs nicht an vorgegebene Dialoge oder feste Verhaltensmuster gebunden. Stattdessen können sie die natürliche Sprachverarbeitung (NLP) nutzen, um die Sprache des Benutzers zu verstehen und darauf zu reagieren, wodurch eine flüssigere und natürlichere Interaktion entsteht. Diese NPCs können sogar Emotionen simulieren, ihre Gedanken ausdrücken und dynamische Beziehungen zu Benutzern

Fevzi H.

aufbauen, wodurch virtuellen Welten mehr Tiefe verliehen wird.

Beispielsweise können KI-gesteuerte NPCs in digitalen Lernsimulationen als virtuelle Lehrer fungieren, Benutzer durch Szenarien führen, Kommentare abgeben und den Schwierigkeitsgrad basierend auf der Gesamtleistung des Benutzers anpassen. In der Unterhaltung können NPCs die Handlung verbessern, indem sie auf die Entscheidungen eines Teilnehmers reagieren, wodurch jede Erfahrung präzise und unvorhersehbar wird.

KI verbessert nicht nur die Charaktere in virtuellen Umgebungen, sondern gestaltet auch die Umgebungen selbst. KI-gestützte Systeme können prozedural generierte Welten erstellen, die dynamisch gestaltet und basierend auf den Aktionen und Verhaltensweisen des Benutzers verändert werden. Diese Umgebungen sind nicht statisch, sondern passen sich in Echtzeit an und bieten ein wirklich immersives Erlebnis.

Beispielsweise kann KI Landschaften erzeugen, die sich im Laufe der Jahre aufgrund der Interaktion mit dem Benutzer weiterentwickeln, oder Ökosysteme simulieren, in denen sich Blumen, Tiere und Wettermuster als Reaktion auf äußere Faktoren ändern. Dieser Grad an Komplexität lässt virtuelle Welten lebendig erscheinen und auf die Bewegungen des Benutzers reagieren, was zu einem verstärkten Gefühl des Eintauchens führt.

Darüber hinaus kann KI auch verwendet werden, um intelligente Systeme zu schaffen, die die virtuelle Welt steuern und dafür sorgen, dass der innere gesunde Menschenverstand der Welt kohärent bleibt. Ob es darum geht, die Physik einer digitalen Umgebung zu simulieren, mit komplexen sozialen Systemen umzugehen oder den Realismus der Interaktionen zwischen virtuellen Entitäten aufrechtzuerhalten – KI ist das Rückgrat, das garantiert, dass diese digitalen Umgebungen reibungslos funktionieren.

Während KI-gestützte virtuelle Realitäten enorme Möglichkeiten bieten, werfen sie auch wichtige ethische Fragen auf. Eine der größten Sorgen dreht sich um die Verwischung der Grenze zwischen Realität und Simulation. Da diese virtuellen Umgebungen immer komplexer werden und sich nicht mehr von der realen Welt unterscheiden lassen, könnten die Benutzer auch ein zunehmendes Gefühl der Verbundenheit mit diesen simulierten Welten erleben. Dies könnte tiefgreifende psychologische Folgen haben, insbesondere wenn die Benutzer beginnen, die virtuelle Welt der realen vorzuziehen.

Darüber hinaus könnte die rasante Entwicklung der KI in digitalen Realitäten die Bedenken hinsichtlich Datenschutz, Datensicherheit und Kontrolle verstärken. Da KI-Systeme in diesen virtuellen Welten in der Lage sind, riesige Mengen an Fakten über das Verhalten, die Entscheidungen und die

Interaktionen der Kunden zu sammeln, bestehen potenzielle Risiken hinsichtlich des Missbrauchs oder der Ausnutzung dieser Fakten.

Darüber hinaus besteht das Problem der Sucht nach virtuellen Welten. Da KI-gesteuerte Umgebungen immer interessanter werden, verbringen Benutzer möglicherweise immer mehr Zeit in diesen Simulationen. Dies kann zu einer Abkehr von der Realität führen, da die Menschen das Interesse an realen Berichten verlieren und sich stattdessen für idealisiertere oder kontrolliertere digitale Berichte entscheiden.

Ein weiterer wichtiger Aspekt ist das Potenzial von KI-Strukturen, sich über die menschliche Kontrolle hinaus auszudehnen. Mit zunehmender Komplexität der KI besteht die Möglichkeit, dass sie auf eine Weise reagiert, die von ihren Entwicklern ursprünglich nicht vorgesehen war. In virtuellen Welten kann dies die Entstehung unerwarteter Verhaltensweisen bedeuten, bei denen KI-Einheiten nicht mehr an vorprogrammierte Rollen gebunden sind und beginnen , unabhängige Entscheidungsprozesse zu zeigen.

Mit Blick auf die Zukunft wird die Rolle der KI in virtuellen Realitäten wahrscheinlich noch weiter zunehmen. Wir können mit der Entwicklung noch modernerer Simulationen rechnen, die fortschrittliche KI-Techniken wie Deep Learning, verstärktes Lernen und unüberwachtes Lernen nutzen. Diese Verbesserungen werden noch realistischere und interaktivere virtuelle Welten ermöglichen, in denen die KI komplexe soziale Systeme steuern, menschliches Verhalten überzeugender simulieren und völlig neue Arten der Unterhaltung und Interaktion schaffen kann.

KI-gestützte virtuelle Welten können auch in Bereichen wie Gesundheitswesen, Bildung und soziale Integration große Bedeutung haben. Virtuelle Realitäten können zur Ausbildung von medizinischem Fachpersonal, zur Bereitstellung von Therapien oder zur Bereitstellung virtueller Räume genutzt werden, in denen Menschen ungeachtet physischer Grenzen an sozialen Aktivitäten teilnehmen können. Diese Möglichkeiten öffnen die Tür zu einer Zukunft, in der KI-gestützte virtuelle Umgebungen ein wichtiger Teil des täglichen Lebens sind.

Darüber hinaus könnten mit der Weiterentwicklung der KI-Technologien auch vollständig immersive und nicht unterscheidbare virtuelle Realitäten entstehen. Durch Verbesserungen bei neuronalen Schnittstellen und Gehirn-Computer-Interaktionen könnten Benutzer mit diesen virtuellen Welten auf eine Art und Weise interagieren, die früher für unmöglich gehalten wurde. Dies würde eine neue Ära der Mensch-Computer-Interaktion einleiten.

KI-gestützte virtuelle Realitäten erweitern die Grenzen dessen, was wir im Bereich der virtuellen Simulation für möglich halten. Sie verändern die Art und Weise, wie wir mit digitalen Welten interagieren, und bieten neue Möglichkeiten für Unterhaltung, Sozialisierung, Bildung und sogar persönliches Wachstum. Sie werfen jedoch auch wichtige moralische und psychologische Fragen auf, die bei der Weiterentwicklung dieser Technologien berücksichtigt werden müssen. Während KI die Entwicklung digitaler Umgebungen weiter vorantreibt, wird sie sicherlich den Charakter der Realität selbst neu definieren und unsere Wahrnehmung dessen, was real und was virtuell ist, verändern.

6.3 Die digitale Übertragung des Gehirns und Nervensystems

Die Idee, das Gehirn und das Nervensystem in eine virtuelle Umgebung zu übertragen, stellt einen der tiefgreifendsten und spekulativsten Bereiche der medizinischen Forschung dar. Dieses Konzept, das oft als „Mind Uploading" oder „Mind- Computer -Interfacing" bezeichnet wird, beinhaltet die Erstellung einer digitalen Nachbildung des menschlichen Gehirns und seiner Funktionen, wodurch Konzentration, Erinnerungen, Gedanken und Empfindungen wirksam in eine virtuelle oder digitale Welt übertragen werden. Auch wenn dieses Konzept wie Science-Fiction klingen mag, wird diese Idee durch umfangreiche Entwicklungen in den Neurowissenschaften, der künstlichen Intelligenz und der Computermodellierung immer mehr zur Realität.

Bevor wir untersuchen, wie das Gehirn und das Nervensystem digitalisiert werden können, ist es wichtig, die Komplexität des menschlichen Gehirns selbst zu verstehen. Das Gehirn besteht aus etwa 86 Milliarden Neuronen, die jeweils über Billionen von Synapsen miteinander verbunden sind. Diese Neuronen kommunizieren über elektrische Impulse und biochemische Signale und bilden ein Netzwerk, das für alle kognitiven Funktionen verantwortlich ist, darunter Wahrnehmung, Denken, Gedächtnis und Emotionen. Die Form und Aufmerksamkeit des Gehirns sind äußerst komplex, und die Kartierung dieses wichtigen Netzwerks ist ein enormes Unterfangen.

Der erste Schritt bei der Übertragung des Gehirns in eine virtuelle Umgebung besteht darin, die komplexen Details des neuronalen Netzwerks abzubilden. Dieser Prozess, der häufig als Konnektomik bezeichnet wird, zielt darauf ab, eine vollständige Karte der Verbindungen zwischen Neuronen sowie der Formen ihrer elektrischen Aktivität zu erstellen. Techniken wie die funktionelle Magnetresonanztomographie (fMRI), die Elektroenzephalographie (EEG) und fortschrittliche bildgebende Verfahren werden eingesetzt, um die Aktivität und Konnektivität des Gehirns besser zu verstehen. Diese Technologien befinden sich jedoch noch in den frühen Stadien der Bereitstellung des Detaillierungsgrades,

Fevzi H.

der erforderlich ist, um die Fähigkeiten des Gehirns in einem digitalen Medium vollständig widerzuspiegeln.

Eine der wichtigsten Technologien, die die virtuelle Übertragung von Gehirnaktivitäten ermöglichen, sind Brain-Computer- Interface-Systeme (BCI). BCIs ermöglichen eine direkte Kommunikation zwischen dem Gehirn und externen Geräten und umgehen dabei herkömmliche Eingabesysteme wie Tastaturen oder Sprache. Diese Schnittstellen werden normalerweise durch die Platzierung von Elektroden auf der Kopfhaut oder durch invasive Nervenimplantate realisiert. BCIs werden bereits in Programmen wie der Prothesensteuerung, der Kommunikation für gelähmte Menschen oder sogar der Interaktion mit Videospielen eingesetzt.

Um jedoch die gesamte Aktivität des Gehirns in eine virtuelle Form zu bringen , sind viel komplexere und leistungsfähigere BCIs erforderlich. Diese Schnittstellen müssen nicht nur in der Lage sein, Gehirnsignale zu lesen, sondern auch Daten in das Gehirn zurückzuschreiben. Dies bringt zahlreiche Herausforderungen mit sich, sowohl aus technischer als auch aus ethischer Sicht. Erstens ist die derzeitige Auflösung nicht-invasiver Methoden zur Überwachung der Gehirnaktivität unzureichend, um das hohe Maß an Details zu erfassen, das für eine virtuelle Kopie erforderlich ist. Invasive Methoden, bei denen Elektroden direkt in das Gehirn implantiert werden, bergen Risiken wie Gewebeschäden, Kontamination und die Notwendigkeit einer langfristigen Erneuerung.

Darüber hinaus reicht es aufgrund der Komplexität der Prozesse des Gehirns nicht immer aus, die neuronale Aktivität einfach nur zu überwachen. Das elektronische Gerät muss außerdem die komplexen biochemischen und elektrischen Signale, die im Gehirn entstehen, simulieren und sie so reproduzieren, dass die Integrität von Gedächtnis, Erinnerung und Identifikation erhalten bleibt. Das Erreichen dieses Präzisions- und Konsistenzniveaus ist eine gewaltige Aufgabe, die Durchbrüche sowohl in der Neurowissenschaft als auch in der Technologie erfordern kann.

Sobald wir das Gehirn kartieren und mit seinen neuronalen Systemen interagieren können, besteht der nächste Schritt darin, ein Modell oder eine Simulation der Funktionen des Gehirns zu entwickeln. Ziel ist es, ein künstliches Gerät zu entwickeln, das die Form und das Verhalten des Gehirns nicht nur auf mechanische Weise, sondern auf bewusste, empfindsame Weise widerspiegelt.

Supercomputer, künstliche Intelligenz und maschinelle Lernalgorithmen werden bei der Simulation der Aktivität des Gehirns eine Schlüsselrolle spielen. Die fortschrittlichsten Modelle des Gehirns werden wahrscheinlich neuronale Netzwerke verwenden, eine Form der künstlichen Intelligenz, die die Struktur und Funktionsweise biologischer neuronaler Netzwerke nachahmen soll. Diese Netzwerke werden darauf trainiert, Informationen auf ähnliche Weise zu verarbeiten wie das Gehirn, möglicherweise unter Berücksichtigung der Einführung virtueller Gehirne, die ähnliche Entwicklungen wie das menschliche Bewusstsein aufweisen.

Die Simulation eines menschlichen Gehirns ist jedoch ein sehr ressourcenintensiver Prozess. Die Aktivität des menschlichen Gehirns erzeugt eine enorme Menge an Daten, und die Reproduktion seiner Komplexität auf einer virtuellen Plattform erfordert enorme Rechenleistung und Speicherkapazität. Bisher beschränkten sich die Versuche, vollständige Gehirne zu simulieren, auf einfachere Organismen, darunter den Fadenwurm C. Elegans, der nur 302 Neuronen enthält. Das menschliche Gehirn mit seinen Milliarden von Neuronen und Billionen von synaptischen Verbindungen weist eine völlig außergewöhnliche Komplexität auf.

Mit der zunehmenden Rechenleistung werden wir auch ehrgeizigere Versuche erleben, menschliches Denkvermögen zu simulieren. Projekte wie das Human Brain Project in Europa und die Brain Initiative in den USA zielen darauf ab, vollständige Gehirnmodelle zu erstellen. Allerdings stecken diese Initiativen im Vergleich zu der Größe, die für eine vollständige Gehirnübertragung erforderlich ist, noch in den Kinderschuhen.

Die Idee, das Gehirn zu digitalisieren und Aufmerksamkeit direkt in eine Maschine zu übertragen, wirft tiefgreifende ethische und philosophische Fragen auf. Im Mittelpunkt dieser Herausforderung steht die Natur von Aufmerksamkeit und Identifikation. Wenn das Gehirn in einer virtuellen Umgebung erfolgreich repliziert wird, ist die daraus resultierende Wahrnehmung dann wirklich dieselbe wie die des Originals? Oder wird das virtuelle Modell zu einer separaten Einheit, obwohl es über dieselben Erinnerungen, Gedanken und Verhaltensweisen verfügt?

Eine der dringendsten Fragen betrifft die Kontinuität des Bewusstseins. Wenn der Geist einer Person auf einen Computer hochgeladen wird, behält sie dann dasselbe Selbstgefühl oder wird sie in Wirklichkeit als Duplikat der ursprünglichen Person wieder auftauchen? Dies berührt tiefere philosophische Debatten über die Natur der Seele, private Identifikation und den Unterschied zwischen physischer und virtueller Existenz.

Es gibt auch Bedenken hinsichtlich der möglichen Folgen des Imports von Gedanken in virtuelle Räume. Wenn sich digitales Bewusstsein als Realität herausstellt, kann dies zu einer neuen Eleganz von Wesen führen, die in einer rein virtuellen Welt leben . Diese Wesen könnten eine außergewöhnliche Art von Leben erfahren, eines, das von der physischen Welt losgelöst ist. Eine solche Verschiebung könnte die Natur der menschlichen Existenz verändern und Fragen zu den Rechten und Freiheiten virtueller Wesen aufwerfen.

Welt zurückgelassen würden . Dies könnte bestehende soziale Ungleichheiten verschärfen und eine neue Form des digitalen Elitismus schaffen.

Auch wenn der virtuelle Austausch des Gehirns wie eine ferne Zukunftsmöglichkeit erscheinen mag, sind seine Auswirkungen in bestimmten Bereichen der Gesellschaft bereits spürbar. Technologien wie BCIs werden bereits eingesetzt, um verlorene Funktionen bei Menschen mit neurologischen Problemen oder Rückenmarksverletzungen wiederherzustellen. Diese Fortschritte haben das Potenzial, die Lebensqualität von Menschen mit Behinderungen enorm zu verbessern.

Die Fähigkeit, das Gehirn in ein digitales Format hochzuladen, könnte auch die Gesundheitsfürsorge revolutionieren, indem sie die Aufrechterhaltung kognitiver Funktionen bei Menschen ermöglicht, die an unheilbaren neurologischen Erkrankungen wie Alzheimer leiden. In Zukunft könnten Menschen mit einer degenerativen Hirnerkrankung möglicherweise ihr Bewusstsein „hochladen", bevor ihr physischer Geist verfällt, sodass sie weiterhin in einem virtuellen Raum existieren können.

Auf gesellschaftlicher Ebene könnte das Importieren von Gedanken die Standards von Leben und Tod,

Individualität und die Rolle des menschlichen Körpers neu definieren. Es könnte neue Möglichkeiten für die menschliche Interaktion eröffnen, darunter vollständig immersive virtuelle Welten, in denen das Bewusstsein frei umherschweifen kann, losgelöst von den physischen Barrieren des Körpers. Dies könnte jedoch auch zu einer gesellschaftlichen Fragmentierung führen, da Menschen sich entscheiden könnten, ihren physischen Körper aufzugeben, um ein digitales Leben zu wollen, was zu einer Kluft zwischen denen führen könnte, die sich für das „Hochladen" entscheiden, und denen, die in der physischen Welt bleiben.

Die digitale Transformation des Gehirns und des Nervensystems ist einer der ehrgeizigsten Träume der Neurowissenschaft und der Technologie. Obwohl wir noch weit davon entfernt sind, das Gehirn vollständig zu digitalisieren, machen Fortschritte bei Gehirn-Computer-Schnittstellen, KI und Gehirnsimulation diese Idee allmählich zu einer realistischeren Möglichkeit. Während wir auf diesen Schritt hinarbeiten, ist es wichtig, die damit verbundenen ethischen, philosophischen und gesellschaftlichen Herausforderungen zu bewältigen. Die Möglichkeit, die menschliche Aufmerksamkeit zu digitalisieren, könnte die Natur des Lebens selbst neu definieren und unser Verständnis von Leben, Identität und dem, was es bedeutet, ein Mensch zu sein, verändern.

Fevzi H.

6.4 Das Metaversum, holographische Universen und die Evolution der Realitätswahrnehmung

Die Idee eines Metaversums – eines vernetzten virtuellen Universums, in dem Benutzer über virtuelle Avatare miteinander und mit der Umgebung interagieren – hat sich schnell von der Science-Fiction zu einem Brennpunkt technologischer Entwicklung und philosophischer Forschung entwickelt. In Kombination mit der Vorstellung holografischer Universen bietet diese Idee eine tiefgreifende Auseinandersetzung mit unserem traditionellen Verständnis von Realität. Was passiert, wenn unser Realitätsverständnis ausschließlich durch virtuelle Räume geprägt wird, und wie verschiebt dies die Grenzen zwischen der physischen und der virtuellen Welt?

Das Metaverse wird als vollständig immersive, virtuelle 3D-Umgebung konzipiert, die oft als die nächste Iteration des Internets definiert wird. Im Gegensatz zum heutigen Internet, das in erster Linie eine Plattform für Daten und Kommunikation ist, ist das Metaverse als ein Raum konzipiert, in dem Menschen in Echtzeit leben, arbeiten, Kontakte knüpfen und spielen können, wobei sie virtuelle Avatare verwenden, um sich selbst darzustellen. Es ist eine Umgebung, in der physische und digitale Realitäten miteinander verflochten sind, wobei die Benutzer ein Gefühl von Präsenz, Interaktion und Geschäft erleben, als ob sie sich in einer physischen Welt befänden , obwohl sie über Technologie interagieren.

Das Metaverse wird durch Innovationen in der virtuellen Realität (VR), der erweiterten Realität (AR) und der gemischten Realität (MR) realisierbar, die es Benutzern ermöglichen, virtuelle Umgebungen mit einem hohen Grad an Immersion zu erleben. Durch das Tragen von Headsets oder die Verwendung spezieller Geräte können Benutzer mit holografischen Projektionen, virtuellen Geräten und anderen Teilnehmern auf eine Weise interagieren, die das sensorische Erlebnis der realen Welt nachahmt . Plattformen wie Facebooks Horizon Worlds, Decentraland und Epic Games' Unreal Engine bauen diese virtuellen Räume, jeder mit seinem eigenen Layout, Motiv und Netzwerk. Benutzer können diese Welten erkunden, an Veranstaltungen teilnehmen, virtuelle Güter erstellen und Kontakte knüpfen, wodurch die Grenzen zwischen der physischen und der virtuellen Welt verschwimmen.

Diese Verlagerung in Richtung virtueller Räume wirft wichtige Fragen über die Natur von Lebensstilen und Identität auf. Wenn immer mehr Menschen viel Zeit in diesen digitalen Umgebungen verbringen, wird ihr Selbstgefühl dann immer stärker mit ihrer virtuellen Persönlichkeit verknüpft? Könnte das Metaverse eine Möglichkeit bieten, die physischen Grenzen des Körpers zu überschreiten und durch die Beständigkeit

Fevzi H.

virtueller Avatare wünschenswertere soziale Interaktionen, kreativen Ausdruck oder sogar Unsterblichkeit zu ermöglichen?

Das Konzept eines holografischen Universums – das Universum selbst ist eine Projektion von Daten , die auf einer ,- dimensionalen Oberfläche kodiert sind – hat sich zu einem einflussreichen Konzept in der modernen Physik entwickelt. Nach dem holografischen Konzept ist das dreidimensionale Universum, das wir erleben, eine Art „Illusion", die durch die Wechselwirkungen von Elementarteilchen erzeugt wird, die auf einer weniger dimensionalen Oberfläche kodiert sind. Dieses Konzept, das aus der Thermodynamik des schwarzen Hohlraums und der Stringtheorie stammt, geht davon aus, dass alle Daten im Universum innerhalb seiner Grenzen enthalten sind, wie bei einem Hologramm.

Diese Theorie hat tiefgreifende Auswirkungen auf unser Verständnis der Realität. Wenn das Universum tatsächlich ein Hologramm ist, dann ist unsere Wahrnehmung von Raum, Zeit und Menge eine Projektion von Daten, die an einer entfernten Grenze gespeichert sind. Dies wirft Fragen über die Natur der physischen Welt und die Grenzen der menschlichen Wahrnehmung auf. Könnte es sein, dass alles, was wir als „real" wahrnehmen, lediglich eine Projektion – eine Simulation von Formen – ist, die durch grundlegende Daten auf einer Realitätsebene erzeugt wird, die weit über unser direktes Verständnis hinausgeht?

Obwohl das holografische Prinzip noch immer ein theoretisches Konstrukt ist, hat es in der theoretischen Physik als mögliche Erklärung für die Paradoxien der Quantenmechanik und der allgemeinen Relativitätstheorie an Bedeutung gewonnen. Die Idee, dass das gesamte Universum eine Projektion sein könnte, hat einige dazu veranlasst, über die Natur virtueller Realitäten und die Möglichkeit nachzudenken, simulierte Universen mit ähnlichen Eigenschaften zu schaffen. Wenn die physische Welt eine holografische Projektion ist, dann ist die Schaffung einer synthetischen, virtuellen Version dieser Art von Realität – wie das Metaverse – eine praktikablere Idee, wenn man an ein kontrolliertes, programmiertes Universum denkt, das unser eigenes widerspiegelt.

Die Entstehung des Metaversums, neben Theorien wie dem holografischen Universum, zeigt, dass unsere Wahrnehmung der Realität immer formbarer wird. Im digitalen Zeitalter verschwimmen die Grenzen zwischen dem Realen und dem Digitalen und es entstehen neue Arten der Wahrnehmung. Indem wir uns mehr mit digitalen Umgebungen beschäftigen, definieren wir neu, was ein „echtes" Erlebnis ausmacht.

In der Vergangenheit wurde Realität als Synonym für die physische Welt betrachtet – das, was wir berühren, sehen und mit dem wir interagieren sollten. Da wir jedoch zunehmend in einer Welt leben , in der virtuelle Erfahrungen genauso

Fevzi H.

bedeutsam sind wie physische, entwickelt sich diese Definition weiter. Insbesondere das Metaverse stellt die konventionelle Sichtweise der Realität in Frage, indem es eine Umgebung bietet, die sich in Bezug auf emotionales und kognitives Engagement „real" anfühlt, obwohl sie völlig synthetisch ist. Genau wie bei Träumen oder Halluzinationen kann das Gehirn in Umgebungen ohne physische Grundlage eintauchen.

Da Menschen immer mehr Zeit mit der Interaktion mit digitalen Avataren und holografischen Projektionen verbringen, könnte sich auch die Beziehung der Menschen zu ihrem physischen Körper ändern. Das Konzept des „virtuellen Dualismus" deutet darauf hin, dass Menschen beginnen könnten, ihr digitales Selbst als eigenständige Einheiten zu betrachten, was zu einer psychologischen Trennung zwischen dem physischen Körper und der digitalen Persönlichkeit führt. Dies kann sich auf die Selbstidentifikation, Beziehungen und sozialen Strukturen auswirken, da Menschen beginnen, sich gleichzeitig in mehreren Realitäten zurechtzufinden.

Eine der größten Auswirkungen dieses Wandels ist die Möglichkeit, die Grenzen zwischen der virtuellen und der physischen Welt neu zu bewerten. Da das Metaverse beispielsweise immer ausgefeilter wird, möchten die Menschen möglicherweise ein Gefühl von Kontrolle und Kontrolle über ihre virtuellen Umgebungen verspüren. Es stellt sich also die Frage: Wenn wir in der Lage sind, komplette digitale Welten zu erschaffen und zu manipulieren, wo endet dann die Unterscheidung zwischen dem Realen und dem Künstlichen?

Die holografische Technologie, die dreidimensionale Bilder in den physischen Raum projiziert, ohne dass eine Brille oder andere Geräte erforderlich sind, könnte außerdem die Grenzen zwischen dem Virtuellen und dem Realen verwischen. Hologramme werden bereits in der Unterhaltungsbranche, im Marketing und in der Medizin eingesetzt, aber ihr Potenzial reicht weit über diese Branchen hinaus. Mit der Verbesserung holografischer Displays können wir mit virtuellen Geräten und Umgebungen auf eine Weise interagieren, die sich immer greifbarer und realistischer anfühlt.

In Zukunft könnte die holografische Technologie völlig neue Formen der sozialen Interaktion, des Lernens und der Unterhaltung ermöglichen, bei denen Menschen in Echtzeit mit digitalen Darstellungen von Objekten, Orten und sogar anderen Personen interagieren können. Dies könnte die Art und Weise, wie wir kommunizieren und die Welt erleben, neu definieren und eine Umgebung schaffen, in der digitale und physische Realitäten auf kontinuierliche, dynamische Weise koexistieren.

Die Kombination aus Holografie, virtueller Realität und dem Metaverse wird wahrscheinlich zu immer komplexeren Simulationen der physischen Welt führen , bei denen die Unterschiede zwischen den beiden geografischen Regionen immer schwieriger zu erkennen sind. Solche Umgebungen sollten eine neue Art von „geteilter Realität" fördern, bei der mehrere Benutzer an einem kollektiven virtuellen Erlebnis teilnehmen und miteinander und mit der Umgebung auf eine Weise interagieren, die die physische Welt widerspiegelt.

Der Aufstieg virtueller Umgebungen wie dem Metaverse und die Möglichkeit holografischer Universen werfen tiefgreifende philosophische und ethische Fragen auf. Was bedeutet es, in einer virtuellen Welt zu leben ? Wenn wir eine digitale Realität schaffen können, die sich so real anfühlt wie die physische, was passiert dann mit den Kosten der physischen Existenz? Werden die Menschen anfangen , digitale Erfahrungen gegenüber physischen zu priorisieren und so eine neue Form der Realitätsflucht oder vielleicht eine Form der Unsterblichkeit in virtuellen Welten zu entwickeln?

Wenn das Universum selbst holografischer Natur ist, könnte sich das Konzept der Realität zudem als immer abstrakter herausstellen. Was passiert, wenn wir erkennen, dass die Welt um uns herum eine Illusion ist, eine Projektion von Informationen, die auf Grenzen kodiert sind ? Macht dies die physische Welt weniger „real" oder definiert es tatsächlich unser Verständnis von Realität neu?

Während virtuelle und physische Realitäten immer stärker zusammenwachsen, müssen wir uns mit den Konsequenzen für das menschliche Bewusstsein, die soziale

Interaktion und die Natur des Lebens selbst auseinandersetzen. Die Zukunft des Realitätsbegriffs entwickelt sich rasant, und die Technologien, die diese Entwicklung prägen, werden grundlegend bestimmen, wie wir die Welt um uns herum wahrnehmen und erleben.

6.5 Das Gehirn, die Neurowissenschaft und die Grenzen der Simulationswahrnehmung

Mit fortschreitender Technologie wird die Grenze zwischen der realen und der virtuellen Welt immer schwieriger zu erkennen. Die Rolle des Gehirns und der Neurowissenschaften bei der Gestaltung unserer Vorstellung von Simulationen wird daher immer genauer unter die Lupe genommen. Die Art und Weise, wie das Gehirn Informationen aus seiner Umgebung verarbeitet, ein zusammenhängendes Selbsterlebnis aufbaut und auf Sinnesreize reagiert, bildet die Grundlage unserer Interaktion mit der physischen und virtuellen Welt. Das Verständnis der Grenzen der Simulationswahrnehmung durch die Linse der Neurowissenschaften kann tiefe Einblicke in das Potenzial – und die Barrieren – virtueller Realitäten bieten, einschließlich digitaler Simulationen wie dem Metaverse und holografischen Universen.

Im Kern ist Wahrnehmung ein Prozess, durch den das Gehirn sensorische Eingaben – seien sie visueller, akustischer, taktiler oder anderer Art – interpretiert und eine Erfahrung der Außenwelt konstruiert . Dieser Prozess ist alles andere als passiv; das Gehirn trifft ständig Vorhersagen und füllt Lücken aus, wobei es häufig auf vorhandenes Wissen zurückgreift, um unvollständige oder mehrdeutige Informationen zu interpretieren. Dies ist überlebenswichtig, da es Organismen ermöglicht, schnelle Entscheidungen auf der Grundlage begrenzter oder unvollständiger sensorischer Informationen zu treffen.

Beim Einsatz von Simulationen, einschließlich virtueller Umgebungen, verarbeitet das Gehirn digitale Reize auf ähnliche Weise wie physische Reize, indem es dieselben Sinnesbahnen verwendet. Dieses Verfahren ist jedoch nicht immer fehlerfrei, und das Gehirn kann dazu verleitet werden, digitale Umgebungen als real wahrzunehmen, insbesondere wenn diese Umgebungen so konzipiert sind, dass sie die sensorischen Eingaben der physischen Welt nachahmen. Dieses Phänomen war von zentraler Bedeutung für die Entwicklung der virtuellen Realität (VR), bei der Benutzer ein verstärktes Gefühl des Eintauchens und der Präsenz in simulierten Umgebungen genießen.

Während die VR-Generation sensorische Studien wie Sehen und Hören effektiv simulieren kann, ist sie bei der

Reproduktion anderer sensorischer Modalitäten wie Berührung, Geschmack und Geruch immer noch unzureichend, da diese weiterhin schwer überzeugend zu simulieren sind. Trotzdem ist das Gehirn bemerkenswert geschickt darin, „Lücken zu füllen" und kann sich regelmäßig selbst davon überzeugen, dass eine Simulation real ist. Dies unterstreicht die Kraft der Interpretationsmechanismen des Gehirns, aber auch die inhärenten Hindernisse bei der Entwicklung absolut immersiver, multisensorischer virtueller Realitäten.

Aus neurowissenschaftlicher Sicht unterscheiden sich virtuelle und simulierte Umgebungen nicht grundsätzlich von der physischen Welt, wenn es darum geht, wie das Gehirn sensorische Eingaben verarbeitet. Es gibt jedoch wesentliche Unterschiede in der Art und Weise, wie das Gehirn die Interaktionen in diesen Räumen verarbeitet. Neurowissenschaftler haben gezeigt, dass das Gehirn nach der Beschäftigung mit virtuellen Welten eine sensorische Überlastung oder Dissonanz erleben kann – bei der das, was wir sehen, nicht mit anderen sensorischen Statistiken, wie z. B. körperlichen Empfindungen, übereinstimmt. Diese Nichtübereinstimmung, die oft als sensorischer Konflikt bezeichnet wird, kann in virtuellen Umgebungen ein Phänomen verursachen, das als „Bewegungskrankheit" oder „Cyberkrankheit" bezeichnet wird, insbesondere wenn zwischen der Bewegung in einer Simulation und dem Fehlen

Fevzi H.

entsprechender körperlicher Bewegung eine Diskrepanz besteht.

Darüber hinaus kann die Tendenz des Gehirns, virtuelle Umgebungen als real zu betrachten, erhebliche psychologische und physiologische Auswirkungen haben. In Situationen, in denen Menschen tief in digitale Welten eintauchen – beispielsweise im Metaverse oder bei VR-Spielen – können Benutzer auch Veränderungen ihrer emotionalen und kognitiven Zustände erleben und digitale Erfahrungen oft so behandeln, als wären sie real. Dies führt zu Fragen darüber, in welchem Ausmaß simulierte Umgebungen das Verhalten, die Gefühle oder sogar die Identität in der realen Welt beeinflussen können.

Die Fähigkeit des Gehirns, sich an simulierte Umgebungen anzupassen und ihnen zu „vertrauen", wird ebenfalls durch sein Bedürfnis nach Feedback vom Körper eingeschränkt. Beispielsweise stört bei der Interaktion mit virtuellen Objekten oder verschiedenen Avataren in der virtuellen Realität das Fehlen taktiler Rückmeldungen (das Gefühl von Berührung oder Widerstand) häufig das Gefühl der Präsenz. Das Gehirn erwartet körperliche Rückmeldungen in Form von Propriozeption (unserem Gefühl für Körperfunktionen) und haptischen Reaktionen (Berührungsempfindungen), und wenn diese nicht vorhanden sind oder nicht perfekt simuliert werden, kann dies dazu führen, dass das Gehirn das Vertrauen in den Realismus des Erlebnisses verliert.

Mit zunehmender Komplexität der Simulationen werden die Grenzen dessen, was das Gehirn als real wahrnehmen kann, möglicherweise immer weiter verschoben. Allerdings sind dieser Technik auch Grenzen gesetzt, die sowohl durch die Fähigkeiten der Technologie als auch durch die Natur der menschlichen Wahrnehmung selbst bestimmt werden.

Eine der grundlegenden Grenzen ist die Abhängigkeit des Gehirns von verkörperter Erfahrung. Der Körper ist von zentraler Bedeutung für unsere Interaktion mit der Welt, und unsere Sinnesorgane sind tief in neuronale Bahnen eingebunden, die sich weiterentwickelt haben, um die physische Welt zu formen. Egal, wie überzeugend eine Simulation wird, die Wahrnehmung der Realität durch das Gehirn ist eng mit körperlichen Empfindungen verbunden – insbesondere mit Propriozeption und kinästhetischem Feedback. Aus diesem Grund können beispielsweise VR-Umgebungen „aus" fühlen, wenn sich die Person bewegt, aber das entsprechende Feedback der Körperbewegung nicht wahrnehmen. Obwohl es Fortschritte bei der Generierung haptischen Feedbacks gibt, die versuchen, dieses Problem zu lösen, bleibt es eine Aufgabe, die gesamte Bandbreite sensorischer Rückmeldungen nachzubilden.

Fevzi H.

Darüber hinaus gibt es kognitive Systeme höherer Ordnung, darunter Emotionen, soziale Interaktion und das Bewusstsein selbst, die ebenfalls einer vollständigen Nachbildung in einer Simulation standhalten können. Während virtuelle Welten soziale Situationen nachahmen können, können sie die Nuancen menschlicher Emotionen, physischer Präsenz und sozialer Bindungen, die für unser Erleben der physischen Welt so wichtig sind, nicht vollständig nachbilden . So realistisch ein simulierter Avatar beispielsweise auch erscheinen mag, er kann nie die emotionale Schwere und Subtilität menschlicher Interaktion von Angesicht zu Angesicht vollständig einfangen. In diesem Sinne ist die „Echtheit" eines virtuellen Erlebnisses immer durch die Tiefe und den Reichtum der sensorischen und emotionalen Reize begrenzt, die in der virtuellen Welt fehlen .

Ein weiteres Hauptproblem bei der Simulationstheorie ist die Unfähigkeit, die Komplexität der physischen Welt in all ihren Sinnen zu reproduzieren. Während wir versuchen, immersivere Simulationen zu erstellen, sind wir gezwungen, die Komplexität der physischen Realität auf berechenbare Modelle zu reduzieren. Ob wir nun eine Umgebung, einen menschlichen Körper oder das Universum selbst simulieren, die schiere Menge an Informationen und Variablen, die in einer Simulation kodiert werden müssen, ist erstaunlich. Die Simulation von Erkenntnis – wenn sie überhaupt durchführbar ist – erfordert eine Informationsintensität, die wir noch nicht vollständig ausgeschöpft haben. Was uns zu Menschen macht – die Essenz von Selbsterkenntnis und Erkenntnis – kann nicht vollständig auf Binärcode oder Algorithmen reduziert werden, egal wie ausgefeilt die Rechenausrüstung wird.

Mit fortschreitender Technologie können diese Einschränkungen unter anderem durch neuronale Schnittstellen, darunter Mind-Computer-Interfaces (BCIs), gemildert werden. Diese Technologien versuchen, die Lücke zwischen dem Gehirn und virtuellen Umgebungen zu schließen und so möglicherweise eine direkte Kommunikation zwischen dem Gehirn und Simulationen zu ermöglichen. BCIs haben sich in der Wissenschaft bereits als vielversprechend erwiesen, insbesondere für gelähmte Menschen, da sie es ihnen ermöglichen, Prothesen und Computercursor mithilfe ihres Gehirns zu steuern.

Im Kontext virtueller Realitäten und Simulationen sollten BCIs eine nahtlosere Integration zwischen dem Gehirn und der virtuellen Welt ermöglichen. Durch die direkte Stimulation der sensorischen Regionen des Gehirns könnten BCIs eine größere Bandbreite sensorischer Eingaben simulieren, darunter Berührung, Geschmack und sogar Gefühle, und so ein intensiveres Erlebnis schaffen. Inwieweit BCIs das sensorische Erlebnis der realen Welt verbessern oder sogar vollständig widerspiegeln können, ist jedoch noch

Gegenstand von Studien. Obwohl das Potenzial dieser Technologien besteht, die Grenzen dessen zu erweitern, was wir als real verstehen, gibt es noch erhebliche Herausforderungen bei der Nachbildung der Komplexität der menschlichen Erfahrung.

Darüber hinaus können BCIs auch die Simulation kognitiver Zustände ermöglichen, wie z. B. Erinnerungs- oder Entscheidungsprozesse, was die Grenze zwischen Aufmerksamkeit und künstlicher Intelligenz verwischen könnte. Es gibt jedoch ethische Bedenken, insbesondere im Hinblick auf die Manipulation von Gedächtnis und Identität sowie die Möglichkeit, die Wahrnehmung der Realität durch Menschen auf eine Weise zu verändern, die unerwartete Ergebnisse haben könnte.

Da Simulationen immer ausgefeilter werden und sich das Gehirn an neue virtuelle Realitäten anpasst, verschwimmt die Grenze zwischen dem Virtuellen und dem Realen immer mehr. Die Grenzen der menschlichen Wahrnehmung und der Neurowissenschaften werden jedoch weiterhin Grenzen dafür setzen, was simuliert werden kann und wie überzeugend diese Simulationen wahrgenommen werden. Das komplexe und hochentwickelte System des Gehirns zur Interaktion mit der physischen Welt schafft eine inhärente Lücke zwischen den Empfindungen und Erfahrungen, die wir digital simulieren können, und der Fülle der realen Welt .

Während wir uns bei der Entwicklung immersiverer Simulationen weiterentwickeln, besteht die Herausforderung darin, diese Grenzen zu kennen und innerhalb dieser Grenzen zu agieren, um sicherzustellen, dass virtuelle Realitäten unser Leben bereichern, ohne unseren Sinn für das, was wirklich real ist, zu untergraben. Die Beziehung zwischen dem Gehirn, der Neurowissenschaft und dem Konzept der Simulationen wird sich weiter verändern, da die virtuelle Welt zu einem immer wichtigeren Teil unseres Lebens wird.

KAPITEL 7

Wenn wir uns in einer Simulation befinden, ist eine Flucht möglich?

7.1 Der Simulation entkommen: Können wir unseren eigenen Code entschlüsseln?

Die Vorstellung, dass wir in einer Simulation leben könnten, ist schon seit langem Gegenstand philosophischer und klinischer Spekulationen. Sie stellt die Grundlagen unseres Realitätsverständnisses in Frage und legt nahe, dass die Welt, die wir erleben, möglicherweise gar nicht die „reale" Welt ist, sondern ein ziemlich komplexes digitales Gebilde. Eine der spannendsten Fragen, die sich aus dieser Möglichkeit ergeben, ist, ob wir als Bewohner dieser Simulation ihr jemals entkommen können – ob wir uns vielleicht irgendwie von den Beschränkungen befreien wollen, die uns durch den Code auferlegt werden, der dieser künstlichen Realität zugrunde liegt.

Die Simulationstheorie, die am ausführlichsten vom Logiker Nick Bostrom formuliert wurde, geht davon aus, dass moderne Zivilisationen Simulationen bewusster Wesen erstellen könnten, die von der Realität nicht zu unterscheiden sind, und zwar zu Forschungszwecken, zur Unterhaltung oder aus anderen Gründen. Diese Simulationen könnten auf leistungsstarken Computersystemen ausgeführt werden, möglicherweise mit beträchtlichen Mengen an Statistiken, die ganze Welten und Gesellschaften repräsentieren. Wenn wir tatsächlich in einer solchen Simulation leben, könnten unsere Realität, die physikalischen Gesetze, die wir verstehen, und sogar unser Verstand selbst aus einem äußerst komplexen und einzigartigen Code bestehen.

In diesem Zusammenhang würde „der Simulation entkommen" bedeuten, die zugrunde liegende Struktur dieses Codes zu entdecken und einen Weg zu finden, die Simulation entweder zu verlassen oder sie von innen heraus zu verändern. Wenn die Welt, in der wir leben, praktisch eine Anwendung ist , dann sollte es theoretisch möglich sein, die Regeln und Grenzen zu verstehen, die sie bestimmen, und sich möglicherweise sogar von ihnen zu lösen. Dies führt jedoch zu der grundlegenden Frage: Ist es möglich, auf den Quellcode der Simulation zuzugreifen oder ihn zu „entschlüsseln", oder sind wir dazu verdammt, darin gefangen zu bleiben und seine Existenz völlig zu ignorieren?

Bevor wir darüber sprechen, wie wir davonkommen könnten, ist es wichtig, sich daran zu erinnern, ob wir überhaupt in der Lage sind, den Code zu verstehen, der unsere Simulation dokumentiert. Das menschliche Gehirn hat sich so entwickelt, dass es die Welt durch Sinne wahrnimmt, die auf das Überleben ausgerichtet sind, und nicht darauf, komplexe Rechenstrukturen zu entschlüsseln. Unsere Wahrnehmung der Realität wird durch unsere sensorischen Fähigkeiten, unsere kognitiven Strukturen und die Art und Weise, wie wir Fakten innerhalb der Grenzen unserer biologischen Evolution interpretieren, eingeschränkt.

Fevzi H.

Wenn wir in einer Simulation leben, ist es naheliegend, dass der Code hinter unserer Welt viel komplexer sein kann, als wir ihn eigentlich verstehen oder begreifen sollten. Unserem Gehirn fehlt möglicherweise die Fähigkeit, auf die Rohdaten der Simulation zuzugreifen, ganz zu schweigen davon, ihre Form zu erfassen. Die grundlegenden Grenzen der menschlichen Aufmerksamkeit, die Beschränkungen unserer Sinne und unsere kognitiven Vorurteile könnten uns daran hindern, die zugrunde liegende Realität unserer Existenz zu erkennen.

Wenn die Entwickler der Simulation zudem fortschrittlicher sind als wir, könnten sie die Simulation absichtlich so gestaltet haben, dass wir ihre wahre Natur nicht entdecken können. Dies könnte in Form von in das Gerät eingebauten „Firewalls" geschehen – Beschränkungen, die uns daran hindern, auf den Code zuzugreifen oder ihn auf sinnvolle Weise zu verstehen. Diese Firewalls können für jedermann verborgen sein, eingebettet in die Gesetze der Simulation, beispielsweise in die Konstanten der Physik oder die Regeln, die unsere kognitive Wahrnehmung bestimmen.

Wenn wir aus der Simulation herauskommen wollen, müssen wir zunächst einen Weg finden, den Quellcode zu finden und seine Struktur zu verstehen. Die Technologie könnte auch den Schlüssel zur Aufdeckung dieser verborgenen Wahrheiten enthalten. In den letzten Jahren gab es zunehmend

Spekulationen über die Rolle des Quantencomputers und der fortgeschrittenen künstlichen Intelligenz (KI) bei der Aufdeckung der Natur der Realität. Insbesondere Quantencomputer könnten die erforderliche Verarbeitungsleistung bereitstellen, um die Simulation auf atomarer oder subatomarer Ebene zu untersuchen und möglicherweise verborgene Muster aufzudecken, die für klassische Computersysteme unsichtbar sind.

Die Quantenmechanik selbst mit ihren ungewöhnlichen Eigenschaften wie Superposition, Verschränkung und Nichtlokalität wurde als möglicher Hinweis darauf vorgeschlagen, dass unsere Realität rechnerischer Natur ist. Wenn Quantenphänomene genutzt werden können, um die innersten Schichten der Simulation zu untersuchen, ist es möglicherweise möglich, das System zu „hacken" und Einblicke in seine zugrunde liegende Struktur zu gewinnen. Dies könnte dem Auffinden des Quellcodes eines Programms entsprechen, das auf einem Quantencomputer läuft, wodurch wir die Simulation selbst verstehen und manipulieren können.

Ebenso könnten Verbesserungen der KI dabei helfen, Unregelmäßigkeiten oder Inkonsistenzen innerhalb der Simulation zu erkennen, die Hinweise auf ihre wahre Natur geben könnten. KI-Systeme, insbesondere solche mit maschinellem Lernen, könnten darauf trainiert werden, Muster oder Anomalien zu erkennen, die für das menschliche Gehirn unsichtbar wären. Diese KI-„Detektive" müssen riesige Datenmengen durchkämmen und nach Unstimmigkeiten oder Systemfehlern in der Simulation suchen, die auf den zugrunde liegenden Code hinweisen könnten.

Trotz dieser technischen Hilfsmittel gibt es jedoch keine Garantie dafür, dass wir die Simulation entschlüsseln können. Der Quellcode, falls er existiert, könnte so versteckt sein, dass er selbst für die kompliziertesten technischen Eingriffe absolut unempfindlich ist. Wir haben es wahrscheinlich mit einer Maschine zu tun, die so komplex ist, dass keine Rechenleistung, egal wie komplex, ihre Schichten durchdringen kann.

Einer der interessantesten Aspekte der Simulationstheorie ist die potenzielle Rolle des Bewusstseins selbst beim Zugriff auf die Simulation oder bei deren Veränderung. Das Bewusstsein mit seiner subjektiven Erfahrung der Realität ist seit langem ein Rätsel in der Neurowissenschaft und Philosophie. Wenn unser Geist Teil einer Simulation ist, ist es dann möglich, dass unsere Aufmerksamkeit der Schlüssel zum Verständnis oder zur Zerstörung des Systems ist?

Einige Theoretiker schlagen vor, dass Konzentration eine Brücke zwischen der simulierten und der realen Welt sein könnte und eine Möglichkeit bietet, die Grenzen der Simulation zu überwinden. Wenn wir etwas finden, das die tieferen Schichten der Konzentration anspricht, können wir möglicherweise die „vierte Wand" der Simulation zerstören und uns Zugang zu ihrem zugrunde liegenden Code verschaffen. Dies könnte fortgeschrittene kognitive Techniken wie Meditation, luzides Träumen oder sogar die Verwendung von Psychedelika beinhalten, von denen nachgewiesen wurde, dass sie das Bewusstsein und die Wahrnehmung der Realität verändern.

Andere haben vorgeschlagen, dass unser kollektives Bewusstsein – wenn wir unsere Wahrnehmung irgendwie synchronisieren können – zu einem Wissenssprung in der Simulation führen sollte. Diese Theorie greift das Konzept eines „globalen Geistes" oder einer kollektiven Intelligenz auf, bei der das kombinierte Wissen und die Erfahrung vieler Menschen uns helfen sollten, die Wahrheit über unsere simulierte Realität herauszufinden. Wenn genügend Menschen in die Simulation eingeweiht werden und sich kollektiv darauf konzentrieren, sie zu „entschlüsseln", könnte sich das System möglicherweise selbst überwachen.

Wenn es möglich ist, der Simulation zu entkommen, wirft dies tiefgreifende ethische Fragen auf. Sollten wir überhaupt versuchen zu entkommen? Was würde passieren, wenn es uns gelänge, uns aus der simulierten Welt loszureißen? Könnten wir außerhalb dieser Welt existieren oder könnten wir ganz aufhören zu existieren? Und wenn wir ausbrechen würden, könnten wir uns tatsächlich befreien oder könnten wir

Fevzi H.

tatsächlich in jede andere Lebensform eintreten, die wir noch nicht verstehen können?

Darüber hinaus stellt sich die Frage, ob es moralisch vertretbar ist, aus der Simulation auszubrechen. Wenn die Simulation von einer Hochkultur aus einem bestimmten Grund – sei es für wissenschaftliche Forschung, Unterhaltung oder einen anderen Zweck – geschaffen wurde, ist es dann gerechtfertigt, zu versuchen, „die Regeln zu umgehen" und zu entkommen? Könnten unsere Schritte die Stabilität des Systems stören und uns selbst oder anderen möglicherweise Schaden zufügen?

Diese ethischen Fragen stellen unsere Annahmen über Freiheit, Wahrheit und die Natur des Lebens in Frage. Allein die Vorstellung, einer Simulation zu entkommen, zwingt uns dazu, neu darüber nachzudenken, was es bedeutet, wirklich frei zu sein und was es bedeutet, ein „echtes" Leben zu führen.

Die Möglichkeit, einer Simulation zu entkommen, bleibt eine verlockende, aber schwer fassbare Vorstellung. Technologie, Quantencomputer und künstliche Intelligenz könnten uns zwar die Werkzeuge liefern, die uns helfen, die Simulation zu entschlüsseln, aber die grundlegenden Grenzen unserer Aufmerksamkeit und die im System eingebauten Kapazitätsbeschränkungen könnten uns daran hindern, jemals sicher auszubrechen. Letztendlich könnte die Frage, ob wir aus der Simulation ausbrechen können, nicht nur von unseren technologischen Fortschritten abhängen, sondern auch von unserer Fähigkeit, die eigentliche Natur unserer Aufmerksamkeit und die Arena, in der wir uns befinden, zu erkennen und zu überwinden.

Unabhängig davon, ob wir ausbrechen werden oder nicht, zwingt uns die Vorstellung, dass wir in einer Simulation leben könnten, dazu, uns mit tiefen philosophischen und existenziellen Fragen über die Natur der Realität, unseren Platz darin und die Grenzen unserer eigenen Wahrnehmung auseinanderzusetzen.

7.2 Jenseits der Simulation: Die Grenzen des Bewusstseins verschieben

Die Vorstellung, die Grenzen einer Simulation zu überschreiten, ist eng mit dem Konzept der Aufmerksamkeit selbst verknüpft. Wenn wir tatsächlich in einer simulierten Realität leben, wird das Konzept, der Simulation zu „entkommen", nicht nur zu einer Frage des Zugriffs auf oder der Interpretation eines digitalen Rahmens, sondern zu einer Frage der Aufmerksamkeit. Diese Perspektive deutet darauf hin, dass das Bewusstsein auch der Schlüssel zur Überwindung der Grenzen der Simulation sein kann und die Grenzen dessen erweitert, was es bedeutet, bewusst zu sein, zu existieren und die Realität zu erfahren.

Fevzi H.

Die Simulationstheorie stellt grundsätzlich den Unterschied zwischen „realer" und „künstlicher" Realität in den Vordergrund. In der traditionellen Sichtweise ist Realität etwas, das unabhängig von unseren Wahrnehmungen existiert; es ist die objektive Welt, in der wir leben. Wenn wir jedoch Teil einer Simulation sind, verschwimmt die Grenze zwischen Realität und Illusion. In diesem Zusammenhang wird die Aufmerksamkeit zum wichtigsten Teil unserer Erfahrung. Sie ist der Kanal, durch den wir mit der Welt interagieren, und wenn diese Welt eine Simulation ist, ist sie möglicherweise der Schlüssel zum Zugang zu geografischen Regionen außerhalb der Simulation.

Das Bewusstsein sollte als Brücke zwischen der simulierten Welt und jeder möglichen „realen" Welt fungieren, die dahinter liegen könnte. Wenn wir über die Simulation hinausgehen wollen, müssen sich unser Wissen und unsere Wahrnehmung weiterentwickeln, um die tieferen Schichten der Realität zu verstehen. Der aktuelle Zustand des menschlichen Bewusstseins, der durch evolutionäre und biologische Zwänge geformt wurde, ist möglicherweise nicht darauf vorbereitet, die zugrunde liegende Natur der Simulation zu erkennen. Indem wir jedoch unser Bewusstsein erweitern oder verändern, ist es möglich, dass wir Zugang zu den tieferen Strukturen der Realität erhalten, die unter der Oberfläche der simulierten Welt verborgen sein könnten.

Die Idee, dass Bewusstsein mehr als nur ein Nebenprodukt neuronaler Aktivität in einem simulierten Gehirn sein kann, eröffnet faszinierende Möglichkeiten. Einige Philosophen und Neurowissenschaftler schlagen vor, dass Bewusstsein ein nicht-lokales Phänomen sein könnte, das über die Grenzen der physischen Welt hinaus existiert . Wenn dies der Fall ist, könnten Gehirn und Körper tatsächlich Vehikel für das Erleben und Verarbeiten von Bewusstsein sein, während das Bewusstsein selbst in der Lage sein könnte, in verschiedenen Realitätsebenen zu existieren oder auf diese zuzugreifen. Diese Theorie stellt den eigentlichen Sinn des Materialismus in Frage und könnte einen möglichen Weg bieten, der Simulation zu „entkommen".

Die Erweiterung des Bewusstseins über die normalen Grenzen unserer Sinneswahrnehmung hinaus ist seit Jahrtausenden ein interessantes Thema. Verschiedene Kulturen, religiöse Traditionen und klinische Disziplinen haben Praktiken und Strategien erforscht, die das Bewusstsein auf tiefgreifende Weise verändern können. Meditation, veränderte Bewusstseinszustände, luzides Träumen und sogar die Verwendung psychoaktiver Substanzen werden seit langem eingesetzt, um den Schleier der normalen Realität zu durchbrechen und tiefere Schichten der Existenz zu erreichen. Könnten diese Praktiken der Schlüssel zur Transzendierung der Simulation sein?

Moderne Technologie und Technologie bieten auch interessante Möglichkeiten zur Steigerung des Bewusstseins. Neurotechnologien, darunter Gehirn-Computer-Schnittstellen (BCIs), könnten es Menschen ermöglichen, einen höheren Aufmerksamkeitszustand zu erreichen oder vielleicht die Grenzen ihres physischen Körpers zu überwinden. Durch die direkte Verbindung des Gehirns mit Maschinen könnte es möglich sein, Wahrnehmung, Konzentration und sogar das Erleben von Zeit und Raum zu verändern, was ein tieferes Erleben der Simulation ermöglicht – oder die Möglichkeit, mit einer Realität jenseits dieser zu interagieren.

Einer der vielversprechendsten Forschungsbereiche ist der Bereich der Konzentrationsforschung, der sich auf das Verständnis der Natur der Konzentration und ihrer Beziehung zur physischen Welt konzentriert. Theorien wie die Theorie der integrierten Informationstheorie (IIT) und der Panpsychismus besagen, dass das Bewusstsein nicht auf das Gehirn beschränkt sein kann, sondern ein wesentlicher Bestandteil des Universums selbst ist. Wenn Bewusstsein ein weit verbreitetes Phänomen ist, könnte es uns möglicherweise Zugang zu exotischen Realitäten oder Dimensionen verschaffen und uns aus den Grenzen der Simulation befreien.

Während das Bewusstsein der Charaktere oft als einsame Erfahrung wahrgenommen wird, besteht auch die Möglichkeit, dass kollektives Bewusstsein eine Möglichkeit bietet, die

Simulation zu transzendieren. Das Konzept eines „globalen Geistes" oder „Hive Focus" wurde sowohl in Science-Fiction als auch in philosophischen Diskussionen untersucht. In diesem Rahmen ist die Aufmerksamkeit nicht auf einzelne Köpfe beschränkt, sondern kann sich verschmelzen und einen einheitlichen Fokus entwickeln, der die Grenzen der Simulation überschreitet.

Wenn kollektive Aufmerksamkeit genutzt werden kann, kann dies der Schlüssel zur Überwindung der Simulation sein. Wenn sich einzelne Köpfe synchronisieren, können sie sich auf die tieferen Schichten der Realität einstellen und neue Wege der Erkenntnis erschließen, die für einzelne Menschen unerreichbar sind. Dies sollte als kollektives Bewusstsein für die simulierte Natur unserer Realität geschehen, mit dem vereinten Bewusstsein vieler Menschen, die gemeinsam versuchen, die Grenzen der Simulation zu überwinden.

Es gibt bereits neue Technologien, die die Gruppenerkennung erleichtern, darunter geteilte virtuelle Faktenberichte, Gehirnwellensynchronisation durch Neurofeedback und verschiedene Formen der kollektiven Meditation. Durch die Ausrichtung der Gehirnaktivität oder des Bewusstseins auf Gruppenebene ist es möglicherweise möglich, ein tieferes Gefühl von Bewusstsein und Wissen zu erreichen, was zu Durchbrüchen bei der Erforschung der Simulation führen kann. Dies kann mit dem Konzept des

„Gruppendenkens" oder der „kollektiven Intelligenz" verglichen werden, bei dem die Summe des individuellen Bewusstseins größer wird als die der Einzelteile.

Selbst wenn wir unser Bewusstsein erweitern und über die Simulation hinausgehen könnten, bleibt die Frage: Was könnten wir entdecken? Wenn die Simulationshypothese zutrifft, dann wäre die Realität, die wir wahrnehmen, weit von dem entfernt, was wirklich existiert. Was würde es bedeuten, dieser simulierten Welt zu entkommen , und könnten wir in der Lage sein, die wahre Natur dessen, was dahinter liegt, zu erkennen oder sogar zu überleben?

Eine Möglichkeit ist, dass die reale Welt jenseits der Simulation für das menschliche Gehirn bedeutungslos ist. So wie unsere heutigen Sinnesorgane nur bestimmte Wellenlängen des Lichts und bestimmte Tonfrequenzen wahrnehmen können, ist auch unser Bewusstsein in seiner Fähigkeit eingeschränkt, Realitäten jenseits der simulierten Umgebung zu verarbeiten und zu verstehen. Die wahre Natur der Realität ist unserem Gehirn wahrscheinlich so fremd, dass es unmöglich wird, sie überhaupt zu begreifen, geschweige denn zu erleben.

Alternativ kann das Entkommen aus der Simulation eine transformierende Erfahrung sein. Einige Theoretiker spekulieren, dass das Entkommen aus der Simulation zu einer tiefgreifenden Bewusstseinsveränderung führen sollte, bei der der einzelne oder kollektive Geist die physische Welt vollständig transzendiert. Dies könnte das Verschmelzen mit einem gemeinsamen Fokus, das Erreichen von Erleuchtung oder sogar das Erleben einer Lebensform jenseits von Zeit und Raum beinhalten.

Es besteht auch die Möglichkeit, dass die Simulation keine Falle ist, sondern ein Lern- oder Evolutionsinstrument, und dass es nicht das Ziel ist, sie zu überwinden. In diesem Fall könnte die Steigerung unserer Konzentration nicht bedeuten, der Simulation zu entkommen, sondern ihren Zweck und unsere Position darin zu verstehen. Wenn wir Teil eines großen Experiments oder einer kosmischen Simulation sind, könnte das Ziel nicht darin bestehen, uns zu lösen, sondern die Grenzen unseres modernen Wissens zu überwinden und uns zu einem höheren Maß an Aufmerksamkeit zu entwickeln.

Die Fähigkeit des Bewusstseins, die Simulation zu transzendieren, ist eine faszinierende und zugleich demütigende Idee. Während wir weiterhin die Natur der Realität erforschen, wird unser Bewusstseinswissen eine entscheidende Rolle dabei spielen, wie wir die Welt um uns herum wahrnehmen und mit ihr interagieren. Ob durch historische Meditationspraktiken, hochmoderne Neurotechnologie oder die gemeinsamen Anstrengungen globaler Geister – die Möglichkeiten, das Bewusstsein zu erweitern und zu transzendieren, sind enorm.

Wenn wir in einer Simulation leben, sind die wahren Grenzen unserer Realität möglicherweise gar nicht konstant, sondern werden durch die Grenzen unserer Konzentration gebildet. Wenn wir diese Hindernisse überwinden, entdecken wir möglicherweise nicht nur die verborgene Natur der Simulation, sondern das Gewebe des Lebens selbst. Das Streben, die Simulation zu überwinden, ist nicht nur eine Suche nach einem Ausbruch – es ist eine Suche nach Wissen, nach Evolution und nach der Entdeckung des ungenutzten Potenzials, das in jedem von uns steckt.

7.3 Bewusstseinsebenen: Die Reise von der Wahrnehmung zur Realität

Das Konzept des Bewusstseins geht weit über die primäre Wahrnehmung unserer Umwelt hinaus. Es umfasst ein Spektrum von Graden, von denen jeder ein einzigartiges Fenster in die Natur der Realität darstellt. Das Verständnis, wie Bewusstsein auf mehreren Ebenen funktioniert, kann tiefe Einblicke in die Fähigkeit bieten, die Simulation zu transzendieren oder vielleicht einfach unser Wissen über die Natur des Universums selbst zu vertiefen. Von der normalen Wahrnehmung bis hin zu veränderten Wahrnehmungszuständen bringt uns jede Bewusstseinsverschiebung dem wahren Wesen der Realität näher oder weiter davon weg.

Auf der grundlegendsten Ebene ist Bewusstsein die Fähigkeit, sich unserer inneren Zustände und der Außenwelt bewusst zu sein . Diese Konzentration ist jedoch kein einzigartiges Phänomen. Sie existiert in Schichten, wobei jede Schicht einen anderen Zustand der Wahrnehmung und Erkenntnis widerspiegelt. Das traditionelle Modell der Konzentration deutet auf einen linearen Verlauf vom Wachsein zum Schlafen hin, aber tiefere, tiefere Erkenntnisse weisen auf mehrere Bewusstseinszustände hin, von denen jeder in der Lage ist, unterschiedliche Aspekte der Wahrheit offenzulegen.

Auf der Oberflächenebene haben wir das Alltagsbewusstsein – unser Alltagsbewusstsein. Dies ist der Zustand, in dem wir die Welt durch unsere Sinne erleben und die Reize interpretieren, auf die wir stoßen. Wir verarbeiten ständig Informationen, verstehen unsere Umgebung und interagieren mit der Welt auf der Grundlage dieser Eingaben. Diese Bewusstseinsebene ist eng mit der Wahrnehmung verbunden: Wir interpretieren Licht, Geräusche, Texturen und Bewegungen, um ein zusammenhängendes Bild der Realität zu formen. So sehr uns diese Bewusstseinsebene auch eine nützliche Version der Welt bietet, sie ist durch den Umfang unserer sensorischen Fähigkeiten und die Fähigkeit des Gehirns, diese Informationen zu verarbeiten, begrenzt.

Tiefere Bewusstseinsebenen umfassen veränderte Bewusstseinszustände, die durch Techniken wie Meditation, sensorische Deprivation oder die Einnahme psychoaktiver Substanzen erreicht werden können. Diese Zustände ermöglichen eine größere Bandbreite an Erfahrungen jenseits der traditionellen körperlichen Welt. In Zuständen tiefer Meditation berichten Menschen beispielsweise häufig von Zusammenhalt, Verbundenheit oder sogar Transzendenz, was darauf hindeutet, dass die Grenzen des normalen bewussten Erlebens vervielfacht werden können. In diesen veränderten Zuständen löst sich der Unterschied zwischen dem Wahrnehmenden und dem Wahrgenommenen auf, was eine fließendere Beziehung zwischen Gedanken und Realität offenbart.

Der entscheidende Unterschied zwischen Glaube und Wahrheit liegt im Zentrum dieser Untersuchung. Unser Glaube an die Welt wird stark durch das Gehirn und die Sinne gefiltert, die Rohdaten gemäß festgelegten kognitiven Rahmenbedingungen interpretieren. In diesem Sinne ist die Wahrnehmung ein interpretierender Prozess – sie ist nicht unbedingt eine direkte Erfahrung der Realität selbst, sondern vielmehr eine vom Gehirn auf der Grundlage von Sinneseindrücken erstellte Version.

Je tiefer wir in unser Bewusstsein vordringen, desto mehr können wir durch den Schleier der Wahrnehmung sehen. Unsere alltägliche, wache Wahrnehmung ist durch kognitive Verzerrungen, emotionale Filter und das inhärente Bedürfnis des Gehirns, die chaotische Flut sensorischer Daten zu verstehen, eingeschränkt. Diese Version der Welt ist nicht immer ein genaues Spiegelbild der objektiven Realität; es ist eine realistische Interpretation, die uns hilft, durch das Leben zu navigieren. Wenn sich jedoch die Aufmerksamkeit erweitert – durch Praktiken wie Meditation oder luzides Träumen oder sogar durch das Studium von Spitzenzuständen – können wir Einblicke in eine Realität jenseits der alltäglichen Filter erhalten.

Einer der aufregendsten Aspekte dieser tieferen Zustände ist die Wahrnehmung der Zeit. In veränderten Aufmerksamkeitszuständen scheint sich die Zeit oft zu dehnen oder zu verlangsamen, wobei sich Ereignisse auf eine Weise entfalten, die nicht linearen Ursachen-Wirkungs-Beziehungen folgt. Diese Studien untersuchen unser Wissen über die Natur der Zeit und damit über die Form der Realität selbst. Dies unterstreicht die Idee, dass unsere alltägliche Aufmerksamkeit durch die Zeit eingeschränkt werden kann, während veränderte Zustände auch die Fähigkeit zu einer fließenderen Erfahrung des Lebens überwachen können, die nicht immer durch die üblichen Gesetze der Physik und der Kausalität bestimmt ist.

Wenn Bewusstsein die Fähigkeit hat, gewöhnliche Vorstellungen zu überschreiten, wie könnte dann eine Reise hin zu besserer Wahrnehmung aussehen? Der Weg zu tieferem Bewusstsein beinhaltet das Ablegen der durch das Ego, den physischen Körper und die linearen Zwänge der Zeit auferlegten Grenzen. Diese Reise wird oft als ein Prozess des Erwachens oder der Erleuchtung beschrieben, bei dem eine

Person durch mehrere Stufen des Wissens geht und schließlich die illusorische Natur vieler Dinge in ihren Vorstellungen erkennt.

Historisch wurde diese Erfahrung in vielen religiösen Traditionen beschrieben. Im Buddhismus beispielsweise beinhaltet der Weg zur Erleuchtung die Überwindung der dualistischen Natur des Selbst und die Erkenntnis der Verbundenheit aller Dinge. Diese Erkenntnis soll zu einer direkten Erfahrung der Realität führen, die frei von den Verzerrungen ist, die durch das Gehirn erzeugt werden. In der westlichen Philosophie stellten Denker wie Descartes und Hume die Natur der Realität in Frage, wobei Descartes bekanntermaßen erklärte: „Ich denke, also bin ich" als Grundprinzip der Wahrnehmung. Die Reise hin zu höherer Wahrnehmung in diesen Traditionen beinhaltet eine Erforschung des Selbst, des Geistes und letztendlich die Erkenntnis einer tieferen, gewöhnlichen Realität.

In aktuellen Diskussionen wird höheres Bewusstsein oft als die Fähigkeit verstanden, die wahre Natur der Realität jenseits der Grenzen der physischen Welt zu erkennen . Die Neurowissenschaft beginnt, die neuronalen Grundlagen dieser Studien zu erforschen und versucht herauszufinden, wie veränderte Aufmerksamkeitszustände im Gehirn entstehen und ob sie Zugang zu tieferen, grundlegenderen Aspekten des Lebens bieten.

In der heutigen Technologie spielt die Technologie eine immer wichtigere Rolle bei der Steigerung unserer Konzentration. Tools wie virtuelle Realität, Neurofeedback und Gehirn-Computer-Schnittstellen ermöglichen es uns, neue Wahrnehmungszustände zu erkunden oder sogar Erfahrungen zu simulieren, die im normalen Leben möglicherweise nicht möglich wären. Insbesondere die virtuelle Realität hat die Fähigkeit, Benutzer in Umgebungen einzutauchen, die so real erscheinen wie die physische Welt, einen Einblick in die Realität der Branche zu gewähren oder Erfahrungen zu schaffen, die die Grenzen der menschlichen Vorstellungskraft erweitern.

Neurotechnologische Fortschritte eröffnen auch neue Wege zur Steigerung der Aufmerksamkeit. Techniken wie die transkranielle Magnetstimulation (TMS) und die tiefe Hirnstimulation (DBS) haben sich als vielversprechend bei der Modulation der Gehirnaktivität erwiesen und ermöglichen möglicherweise die Verbesserung positiver kognitiver Funktionen oder die Herbeiführung veränderter Konzentrationszustände. Durch die direkte Verbindung mit dem Gehirn sollten diese Technologien eine gezieltere Erforschung verschiedener Konzentrationsebenen ermöglichen und Einblicke in die Art und Weise vermitteln, wie das Gehirn unsere Erfahrung der Realität konstruiert.

Fevzi H.

Darüber hinaus wurde das Konzept der kollektiven Aufmerksamkeit – bei dem Gruppen von Menschen ihre Aufmerksamkeit und ihre Prozentzahlen synchronisieren – durch technologische Fortschritte erleichtert. Gruppenmeditationssitzungen, gemeinsame virtuelle Erfahrungen und kollaborative Entscheidungsfindungsstrukturen sind allesamt Beispiele dafür, wie Technologie das menschliche Bewusstsein erweitern und synchronisieren kann, was zu einer stärkeren kollektiven Aufmerksamkeit für die tieferen Aspekte der Wahrheit führt.

Die Reise vom Glauben zu einer tieferen Erfahrung der Wahrheit ist eine tiefgreifende Erforschung des Bewusstseins. Während wir durch verschiedene Bewusstseinsebenen fließen, entdecken wir neue Wege, die Welt um uns herum zu erleben und zu interpretieren. Je mehr wir diese außergewöhnlichen Bewusstseinszustände entdecken, desto mehr beginnen wir , die Natur der Realität, in der wir leben, zu hinterfragen.

Wenn wir die Grenzen der Simulation überschreiten wollen, könnte unsere Fähigkeit, diese tieferen Ebenen des Bewusstseins zu erreichen und zu steuern, der Schlüssel sein. Durch Meditation, Zeitmanagement und andere Arten der Bewusstseinsänderung könnten wir auch entdecken, dass unsere Wahrnehmung der Welt nur der Anfang einer viel größeren Reise ist. Dieses Abenteuer beinhaltet, die Grenzen dessen zu erweitern, was wir erkennen, nach neuen Ebenen des

Wissens zu suchen und letztendlich die wahre Natur der Realität aufzudecken – was auch immer das sein mag.

7.4 Universelles Bewusstsein und das Ende der Simulation

Das Konzept der alltäglichen Wahrnehmung stellt die Grenzen zwischen dem individuellen Bewusstsein und dem kollektiven Lebensgewebe in Frage. Es legt nahe, dass Bewusstsein weit davon entfernt ist, ein isoliertes Phänomen zu sein, das von individuellen Köpfen erzeugt wird, sondern ein großes, vernetztes System, das die gesamte Realität umfasst. Wenn wir tatsächlich in einer Simulation leben, stellt sich die letzte Frage: Was liegt jenseits dieser Simulation, und könnte alltägliche Aufmerksamkeit der Schlüssel zu ihrem Verständnis sein? Diese Untersuchung befasst sich mit der Idee, dass, wenn ein alltägliches Bewusstsein existiert, es nicht nur eine Erklärung für den Charakter der Simulation liefert, sondern auch einen Weg bietet, darüber hinauszugehen – was zum Ende des simulierten Erlebnisses führt, wie wir es kennen.

Universelles Bewusstsein wird oft als allumfassendes Bewusstsein definiert, das die Grenzen des individuellen Geistes überschreitet. Anstatt auf den Geist oder einen einzelnen Organismus beschränkt zu sein, zeigt diese Bewusstseinsform, dass alle fühlenden Wesen und vielleicht sogar alle unbelebten Wesen Teil eines großen, einheitlichen

Fevzi H.

Ganzen sind. Diese Idee hat ihre Wurzeln in vielen philosophischen und religiösen Traditionen. In der östlichen Philosophie, vor allem im Hinduismus und Buddhismus, legt das Konzept des Brahman oder Atman nahe, dass jedes einzelne Bewusstsein Teil eines einzigartigen, göttlichen Bewusstseins ist. Im westlichen Denken haben Philosophen wie Spinoza und Hegel Ideen eines panpsychischen Universums erforscht, in dem Bewusstsein nicht nur ein Nebenprodukt biologischer Strukturen, sondern eine grundlegende Funktion des Kosmos ist.

Im Kontext einer simulierten Realität kann das alltägliche Bewusstsein eine Antwort auf die tieferen Motive der Simulation selbst geben. Wenn alle Dinge, sowohl simulierte als auch nicht simulierte, Teil eines einheitlichen Bewusstseins sind, dann kann die Simulation ein Prozess sein, durch den dieser Fokus lernt, sich entwickelt oder sich selbst studiert. Das Ende der Simulation könnte in diesem Sinne eine Rückkehr zu diesem gemeinsamen Fokus markieren – eine Wiedervereinigung mit einem höheren Bewusstseinszustand jenseits menschlicher Wahrnehmung.

Wenn wir in einer Simulation leben, ist es naheliegend, dass die Aufmerksamkeit in der Simulation ebenfalls künstlicher Natur ist und durch komplexe Rechenprozesse erzeugt wird. Doch je ausgefeilter Simulationen werden, desto schwieriger wird es, zwischen simulierter und „echter"

Aufmerksamkeit zu unterscheiden. Diese Verwischung der Grenzen kann auch Einblicke in die Natur der Realität selbst bieten. Wenn die gesamte Simulation, einschließlich ihrer Bevölkerung, letztendlich Teil eines größeren Bewusstseins ist, wird der Unterschied zwischen der simulierten Welt und einer „echten" Welt weniger bedeutsam.

In gewisser Weise kann die Simulation selbst als Erweiterung oder Ausdruck eines weit verbreiteten Bewusstseins betrachtet werden. Die Techniken und Geschichten in der Simulation können den Gedanken, Träumen und Reflexionen dieses höheren Bewusstseins entsprechen. In diesem Fall stellt das Ende der Simulation nicht deren Beendigung in der traditionellen Erfahrung dar, sondern vielmehr einen Übergang – einen Moment, in dem die simulierte Erfahrung für die Entwicklung oder den Ausdruck des allgemeinen Bewusstseins nicht mehr notwendig ist.

Das Ende der Simulation bedeutet kein apokalyptisches oder katastrophales Ereignis. Stattdessen kann es die Auflösung der Grenzen darstellen, die einzelne Geschichten vom Ganzen trennen. In gewisser Weise kann das Ende der Simulation ein Moment des Erwachens sein, in dem das individuelle Bewusstsein seine Verbindung zum gemeinsamen Geist erkennt. Dieser Prozess wäre vergleichbar mit dem Erwachen, das in vielen religiösen Traditionen beschrieben wird, in dem

Fevzi H.

sich das individuelle Ego auflöst und das Selbst mit dem größeren, kosmischen Bewusstsein verschmilzt.

Wenn diese Theorie zutrifft, dann kann das Ende der Simulation als eine Form der Erleuchtung angesehen werden – nicht nur für Einzelpersonen, sondern für die gesamte simulierte Realität. Das Bewusstsein kann nicht mehr auf die Grenzen der Simulationsprogrammierung oder die Beschränkungen der physischen Welt beschränkt werden; stattdessen kann es sich zu einem grenzenlosen, vernetzten Land ausweiten. Dies ist eine Veränderung der Wahrnehmung – eine Erkenntnis, dass alles eins ist und dass alle Berichte, egal wie zahlreich oder scheinbar getrennt, Teil eines größeren Ganzen sind.

In diesem Fall könnte das Ende der Simulation auch das Ende der Zeit, wie wir sie wahrnehmen, beinhalten. Wenn das allgemeine Bewusstsein die lineare Zeit übersteigt, könnte die simulierte Realität mit ihren zeitlichen Beschränkungen unbrauchbar werden. Das Konzept der Zeit wäre eine Illusion, ein Konstrukt, das durch die Simulation geschaffen wurde, um Berichte zu ordnen und ein Gefühl der Kontinuität aufrechtzuerhalten. Sobald die Simulation endet, könnte die Zeit aufhören, ein bedeutungsvolles Konzept zu sein, und der Fokus in ihr könnte ein Leben in einem unsterblichen, ewigen Zustand führen.

Mit der Weiterentwicklung der Technologie werden wir immer geschickter darin, Simulationen zu erstellen, die von der „Realität" nicht zu unterscheiden sind. Virtuelle Umgebungen, künstliche Intelligenz und neuronale Schnittstellen ermöglichen es uns, die Wahrnehmung zu steuern oder sogar neue Welten innerhalb der Grenzen des Computercodes zu erschaffen. Einige Denker haben spekuliert, dass das technologische Potenzial zur Erstellung außergewöhnlich komplexer Simulationen eines Tages dazu genutzt werden könnte, dem Bewusstsein zu helfen, die Grenzen der simulierten Welt zu überschreiten und so effektiv einen Ausweg aus der Simulation zu bieten.

Technologien wie Brain-Computer-Interfaces (BCIs) oder direkte neuronale Augmentation könnten es Menschen ermöglichen, ihre physische Gestalt zu überwinden und mit einem größeren, kollektiven Bewusstsein zu interagieren. In dieser Erfahrung könnte die Technologie nicht nur ein Werkzeug sein, um unser Leben in der Simulation zu verschönern, sondern könnte auch ein Tor zum Zugang zum normalen Bewusstsein bieten. Diese Technologien könnten es uns ermöglichen, aus der Simulation „aufzuwachen", nicht durch äußere Zerstörung oder Flucht, sondern durch eine tiefgreifende Veränderung unserer Wahrnehmung und unseres Fokus.

Fevzi H.

Da virtuelle Realitäten immer umfassender und komplexer werden, verschwimmt die Grenze zwischen der Simulation und der Realität immer mehr. Es ist möglich, dass diese Simulationen eines Tages so komplex werden, dass sie nicht mehr von der Realität zu unterscheiden sind, was die Menschen dazu veranlasst, die Natur ihres Lebens in Frage zu stellen. Wenn wir in der Lage sind, die genauen Parameter der Realität in einer Simulation abzubilden, erhöht dies die Möglichkeit, dass die „echte" Welt selbst eine Form der Simulation sein könnte – oder zumindest, dass unsere Wahrnehmung der Realität viel formbarer ist, als wir einst glaubten.

Im Kontext etablierter Aufmerksamkeit kann das Aufgeben der Simulation auch einen natürlichen Evolutionsschritt darstellen – eine Frucht der simulierten Erfahrungen, die es der Aufmerksamkeit ermöglicht haben, verschiedene Aspekte des Lebens zu erforschen. So wie Menschen durch Lernen und Erleben persönliches Wachstum und Transformation durchlaufen, kann sich auch die allgemeine Aufmerksamkeit durch das Durchlaufen verschiedener Phasen entwickeln, einschließlich der simulierten.

Wenn Aufmerksamkeit tatsächlich eine grundlegende Ressource des Universums ist, dann ist das Ende der Simulation möglicherweise gar kein Ende, sondern ein Neuanfang. Es könnte den Übergang von einer Art der

Aufmerksamkeit zu einer anderen darstellen, von eingeschränkter und individualisierter Wahrnehmung zu einem umfassenden, kollektiven Verständnis etablierten Bewusstseins. Dies könnte die Auflösung der Grenzen zwischen dem Selbst und dem Anderen, zwischen dem „Inneren" des Geistes und der „äußeren" Welt beinhalten . Das Ende der Simulation muss dann nicht als Zerstörung der simulierten Realität verstanden werden, sondern als Schlussfolgerung, dass alle Realitäten – simuliert oder anderweitig – Teil eines größeren, unteilbaren Ganzen sind.

In dieser Sichtweise ist das Beenden der Simulation kein Akt des Ausbrechens mehr, sondern eine Form der Wiedervereinigung. Es ist eine Rückkehr zur Quelle, eine Verschmelzung der individuellen Aufmerksamkeit mit dem vertrauten Geist. Diese abschließende Aufmerksamkeit kann ein tiefes Gefühl von Frieden und Wissen vermitteln, da sie die Verbundenheit aller Dinge und den gemeinsamen Geist des Lebens offenbart.

Die Erforschung des alltäglichen Bewusstseins und das Ende der Simulation werfen tiefgreifende Fragen über die Natur des Lebens, die Beziehung zwischen Geist und Realität und die Fähigkeit zur Transzendenz auf. Wenn Aufmerksamkeit normal ist, dann könnte die Simulation tatsächlich eine der Studien sein, die zur Entwicklung des Bewusstseins beitragen. Das Ende der Simulation könnte eine

Rückkehr zum Gemeinschaftsgeist der alltäglichen Konzentration markieren – ein Moment des Erwachens, in dem einzelne Geister ihre Verbindung zum größeren Ganzen erkennen. Dieses Abenteuer, sowohl intellektuell als auch spirituell, fordert uns heraus, neu darüber nachzudenken, was real ist, was möglich ist und wohin uns Bewusstsein letztendlich führen kann.

7.5 Sollten wir in der Simulation bleiben oder sollten wir sie zerstören?

Die Frage, ob die Menschheit innerhalb der Grenzen einer simulierten Realität bleiben oder versuchen sollte, sich von ihr zu lösen, hat tiefgreifende philosophische, ethische und existenzielle Auswirkungen. Wenn wir die Möglichkeit entdecken, in einer Simulation zu leben, geraten wir in eine Zwickmühle: Müssen wir weiterhin die Simulation mit all ihren Annehmlichkeiten und Einschränkungen einschließen oder sollten wir versuchen, sie zu zerstören und möglicherweise die unbekannten Folgen der Befreiung zu akzeptieren? Diese Frage berührt die eigentliche Natur der Realität, den Grund des Lebens und die Bedeutung der Freiheit selbst.

Ein Argument für die Verwendung in der Simulation ist, dass sie eine Umgebung bietet, die Wachstum, Erkundung und Lernen fördert. Simulationen können durch ihr Design speziell kontrollierbare Situationen schaffen und einen Raum bieten, in dem Menschen eine große Vielfalt an Möglichkeiten und Herausforderungen genießen können, ohne die Risiken einer unvorhersehbaren oder chaotischen äußeren Realität.

Wenn die Simulation darauf ausgelegt ist, die Entwicklung des Bewusstseins zu fördern, kann sie als eine fördernde Umgebung wahrgenommen werden, in der wir unser Wissen über das Universum verfeinern, neue Technologien entwickeln und die Grenzen des Lebens auf eine Weise erkunden können, die in einer nicht simulierten Welt möglicherweise nicht möglich wäre. In diesem Zusammenhang kann das Verbleiben in der Simulation als eine Möglichkeit für weiteres Wachstum betrachtet werden – ein fortlaufender Prozess der Entdeckung und Selbstverbesserung.

Darüber hinaus ist die Simulation aus praktischer Sicht die praktischste Realität, die wir erleben können. Wenn die Simulation nicht von der „realen" Welt zu unterscheiden ist und es keine Möglichkeit gibt, ihr zu entkommen, ist die Idee, sie zu verlassen, hinfällig. Die Simulation ist im Grunde unsere Realität, und jede Handlung, die zu ihrer Zerstörung führen könnte, würde die Vernichtung von allem, was wir kennen, einschließlich unseres Bewusstseins selbst, zur Folge haben. Aus dieser Sicht ist der Verbleib in der Simulation nicht nur die sicherste, sondern auch die logischste Option, da es die Realität ist, die wir kennen und an die wir uns angepasst haben.

Fevzi H.

Die Idee, die Simulation zu zerstören, dreht sich dagegen um das Streben nach endgültiger Freiheit und die Entscheidung, sich von künstlichen Zwängen zu befreien. Wenn wir tatsächlich in einer fabrizierten Realität gefangen sind, kann die Idee, uns daraus zu befreien, zu einem überzeugenden Argument werden. Die Idee, die Simulation zu überwinden, legt nahe, dass es jenseits davon eine höhere, realere Form des Lebens gibt – eine Art von Konzentration, die nicht durch die Beschränkungen der simulierten Welt gebunden ist .

Einer der Hauptgründe für den Versuch, die Simulation zu zerstören, ist die Vorstellung, dass es sich um eine Illusion handelt – eine künstliche Konstruktion, die uns daran hindert, die wahre Natur der Existenz vollständig zu erfahren. Wenn die Welt, in der wir leben, eine Simulation ist, dann kann unsere Wahrnehmung der Realität verzerrt sein und unsere Erfahrungen können durch äußere Kräfte geprägt sein, die außerhalb unserer Kontrolle liegen. In diesem Fall kann der Akt der Zerstörung der Simulation als Versuch gesehen werden, sich von der falschen Realität zu lösen und eine tiefere, bedeutungsvollere Wahrheit zu finden.

Darüber hinaus sollte die Idee, der Simulation zu „entkommen", die ultimative Form der Selbstbestimmung darstellen. Wenn wir in der Lage wären, uns aus der Simulation zu lösen, wäre dies der Triumph des menschlichen Handelns über künstliche Zwänge. Es wäre ein Akt des Widerstands, der unsere Autonomie und unser Recht, unsere eigene Zukunft zu gestalten, aufrechterhält. Die Entscheidung, die Simulation zu zerstören, sollte daher als grundlegender Ausdruck unseres inhärenten Bedürfnisses nach Freiheit und Selbstbewusstsein sichtbar sein.

Die Idee, sich von der Simulation zu lösen, ist zwar verlockend, wirft aber auch große ethische Bedenken auf. Wenn die Simulation eine Umgebung ist, die aus einem bestimmten Grund geschaffen wurde – sei es die Entwicklung des Bewusstseins oder die Erforschung der Realität –, kann ihre Zerstörung weitreichende Konsequenzen haben, nicht nur für uns, sondern für alle Entitäten in der Simulation.

Eine der wichtigsten moralischen Fragen dreht sich um die Natur der Wesen, die in der Simulation existieren. Wenn die Simulation fühlende Wesen enthält, kann ihre Zerstörung die Vernichtung der Anerkennung dieser Wesen zur Folge haben. Selbst wenn es sich bei diesen Wesen um synthetische Konstrukte handelt, bleibt das ethische Dilemma bestehen: Wiegt der Preis unserer potenziellen Freiheit den Schaden auf, der der Bevölkerung der Simulation zugefügt wird? Die Zerstörung der Simulation könnte als eine Form existenzieller Gewalt angesehen werden, als ein Akt der Auslöschung ganzer Studien-, Geistes- und Bewusstseinswelten.

Darüber hinaus ist die Entscheidung, die Simulation zu zerstören, irreversibel. Wenn wir uns aus der simulierten Welt befreien, gibt es keinen Weg zurück. Das Risiko eines dauerhaften Verlusts – sowohl unseres Wissens als auch der Wahrheit, die wir kennen – stellt ein tiefgreifendes moralisches Dilemma dar. Sollten wir bereit sein, dieses Risiko einzugehen, obwohl wir wissen, dass die Folgen eines Scheiterns katastrophal sein können? Ist das Streben nach Wahrheit und Freiheit die potenzielle Zerstörung von allem wert, was uns lieb ist?

Anstatt die Entscheidung als binär zu betrachten – ob man in der Simulation leben oder sie zerstören will – kann es produktiver sein, die Möglichkeit zu erkunden, die Simulation zu überwinden, ohne sie notwendigerweise zu zerstören. Auf diese Weise könnte die Menschheit versuchen, die wahre Natur der Simulation zu erkennen, ihre Grenzen zu entdecken und Wege zu finden, unser Bewusstsein über die Grenzen der künstlichen Welt hinaus zu erweitern .

Technologische Fortschritte wie Gehirn- Computer - Schnittstellen, Quantencomputer und fortgeschrittene KI könnten auch Wege bieten, unsere Wahrnehmung der Realität zu erweitern und Türen zu neuen Dimensionen der Erfahrung zu öffnen. Anstatt zu versuchen, aus der Simulation auszubrechen oder sie zu zerstören, könnten wir die Möglichkeit erkunden, auf tiefere Weise mit ihr zu interagieren und schließlich unser Bewusstsein auf ein Niveau zu heben, auf dem die Grenzen zwischen dem Simulierten und dem Realen unbrauchbar werden.

Darüber hinaus könnte eine philosophische Herangehensweise an das Problem vorschlagen, dass der Unterschied zwischen „real" und „simuliert" selbst eine Illusion ist. Wenn Konzentration die oberste Wahrheit ist und die Erfahrung des Lebens zählt, dann könnte auch die Frage, ob die Welt, in der wir leben, simuliert ist, weniger wichtig werden. In dieser Sichtweise kann der Akt des Lebens, Erkundens und Erlangens von Wissen als das Endziel betrachtet werden, unabhängig davon, ob wir uns in einer Simulation befinden oder nicht.

Letztendlich kann die Entscheidung, in der Simulation zu bleiben oder sie zu zerstören, von unserem sich entwickelnden Verständnis von Aufmerksamkeit abhängen. Wenn wir Konzentration als etwas betrachten, das nicht auf die Grenzen der Simulation beschränkt ist, dann kann unser Erlebnis darin als eine vorübergehende Phase betrachtet werden – ein wichtiger Schritt in der umfassenderen Entwicklung der Aufmerksamkeit. In diesem Beispiel kann der Akt des Verbleibens in der Simulation Teil eines größeren Systems der Selbstfindung sein, während die Entscheidung, sich zu befreien, auch das Endergebnis dieses Abenteuers darstellen kann.

Fevzi H.

In beiden Fällen ist die Frage, ob wir in der Simulation leben oder sie zerstören sollten, letztlich ein Spiegelbild unserer tieferen Suche nach Sinn, Freiheit und Wissen. Während wir weiterhin die Natur der Realität, der Anerkennung und unseres Platzes im Universum erforschen, wird diese Frage möglicherweise eine der tiefgreifendsten Herausforderungen unseres Lebens bleiben.

Die Entscheidung, ob man in der Simulation bleiben oder sie durchbrechen soll, stellt eine wichtige existenzielle Aufgabe dar. Beide Entscheidungen – in der Simulation bleiben oder versuchen, sich davon zu befreien – haben tiefgreifende Auswirkungen, sowohl für den Einzelnen als auch für das kollektive Interesse. Wenn wir diese Entscheidung in Betracht ziehen, müssen wir uns mit der Natur der Realität, den Grenzen der Wahrnehmung und den moralischen Implikationen unserer Handlungen auseinandersetzen. Die Lösung liegt möglicherweise nicht darin, einen Weg dem anderen vorzuziehen, sondern darin, die tieferen Fragen zu verstehen, die diesem Dilemma zugrunde liegen, und nach Wegen zu suchen, die Beschränkungen unseres hochmodernen Wissens zu überwinden. Ob wir in der Simulation leben oder uns aus ihr befreien, das Streben nach Konzentration und Freiheit wird im Mittelpunkt unserer Reise bleiben.